少子化

女〝性〟たちの言葉なき主張

海老原嗣生

プレジデント社

はじめに
～底なしの少子化が問いかけること～

再加速する少子化の半世紀

しばらく小康状態にあった少子化が、ここ数年、恐ろしいほどの勢いになっています。時代を遡って、その様子を振り返ってみましょう。

第2次ベビーブームが終わると同時に少子化は始まりました。1974年に200万人を超えていた年間出生数は、翌75年に190万人台に、その翌年の76年には180万人台、77年には170万人台と、毎年10万ずつ大台割れを続け、1980年には150万人台となります。たった6年で50万人もの減少です。

ここから少子化のペースは若干緩みますが、それでも4年後の1984年に140万人台、1986年に130万人台、1989年に120万人台へ下降を続け、ここまでの15年で出生数は80万人（4割）減となりました。

図表1　合計特殊出生率と出生数の推移

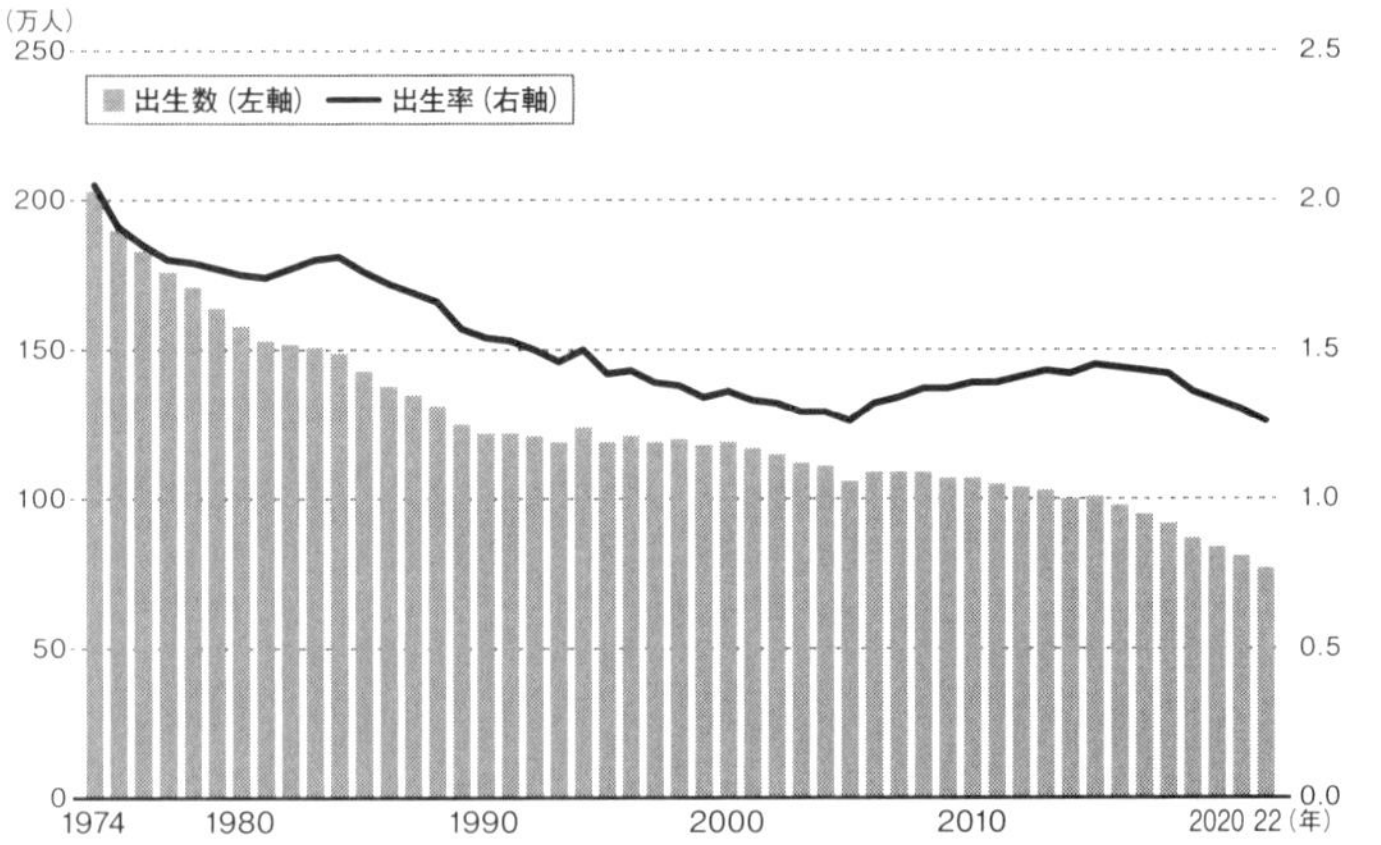

出典：厚生労働省「人口動態統計」

　さすがにこの頃から、出生数回復を謳うエンゼルプラン政策が騒がれ始め、その後、少子化は緩やかになっていきます。出生数は１９９８年まで１２０万人前後で10年間も踏ん張り、１１０万人台は２００４年まで６年、１００万人台は２０１５年まで11年も持ちこたえました。

　加えてこの時期、出生率は２００５年の１・２６を底にＶ字回復、２０１５年には１・４５と１９９０年代初頭並みにまで戻していたのです。こんなトレンドから、ひょっとすると日本の出生数はこのまま長期均衡するのではないか、という楽観論まで出始めていました。

　ところが２０１６年以降、少子化は再加速を始め、たった3年で90万人台を割り込みます。80万人台も同様に3年で通りすぎ、２０２２年にはなんと70万人台に突入。１２０万人割れから１００万人割れまで17年もかかったのに、１

00万人割れから80万人割れはたった6年。異常なほどの減少ペースと言えるでしょう。現状の出生数は、1970年代前半の3分の1強となっています。果たしてこれから産まれる新生児たちは、将来、自分の3倍もの祖父母世代を扶養できるのでしょうか？

男女とも〝総活躍〟しても帳尻が合わない

長らく日本では、男が外で働き、女は家を守るという、性別役割分担意識が広く浸透していました。極論すれば、産業界は「男手」だけで成り立っていたと言えるでしょう。それが、少子化の進展とともに、男性だけでは人手不足となり、社会は女性の労働を求め始めます。

仮にこの流れで、女性がすべからく希望どおりに働ける社会になったとしましょう。そうすれば、人口は激減しているけれど、かつて働き手は男性だけだったのが、男女ともに労働参加するのだから生産力は維持できる。こうした考えから、「一億総活躍」などと数年前には叫ばれたものです。

ただ、この労働シフトは、出生数が半減レベルまでしか成り立ちません。男女ともに働いてもその労働量は、男性だけ働く場合の2倍にしかならないからです。年間出生数が3分の1に落ち込んだ現状では、もう「総活躍」しても、帳尻が合わなくなっている。それが、異次元の少子化とまで言われる所以《ゆえん》でしょう。

底なしの少子化は、私たちに何を問いかけているのでしょうか？

国力や生産性の観点から「危機だ」という前に、私たちが、女〝性〟にどんな無理を押し付けてきたのか、今一度、考えてほしいところです。

たとえば妊娠・出産を考えても、それがどれだけ女性の人生を歪める重石になっているか、気づいていているでしょうか。

受精した女性は２７０日の間、自分の体内に、もう一人の命が同居することになります。当然、体中の生命維持システムは否応なく影響を受け、発熱や悪心《おしん》、嘔吐、浮腫《むくみ》、体重増減など、一般の人で言えば「病気・不調」に相当する状態が長く続き、その先に陣痛がある。体は悲鳴を上げ、歯や髪にダメージがおよび、膝や腰を痛めることもままあります。

その間、パートナーの男性は、少なくとも体にはなんの変調も来しません。こうした非対称性に、まずは気づくべきでしょう。もし、それまでピンピンしていた男性が、ある日を境に突然、体中に不調を来し、その状態が２７０日も続いたら耐えられますか。

妊娠は、女性の嗜好や食生活も大きく変えます。

子どもを産み、授乳期を終えるまでの間、飲食が厳しく制限されます。お酒はもちろん禁止となり、バランスの悪い食事も許されません。塩分をはじめとしたミネラルについても指導を受け、ビタミンにも気を遣わなければなりません。妊娠〜授乳期を合わせればトータル２年近く、こうした状態が続きます。

お酒好きな男性に考えてほしいところです。いきなり大好きなアルコール類を2年間、飲んではダメだと言われたらどうしますか。

揚げ物や甘味が大好物の人も、2年間それを慎めと言われたら、どうしますか？

男と女の大きすぎる負担の非対称性に気づいていますか

こうした肉体的な制約は、まだ、事の始まりにしかすぎません。

妊娠は女性の生活全体をも大きく変えてしまいます。

出産後、一年近くは、数時間おきに授乳とオムツ変えを繰り返すことが余儀なくされます。文字どおり、寝ている暇もありません。

子どもが歩き出せば、そこかしこを徘徊し、手当たりしだいに何でも口にします。四六時中、目が離せない日が続きます。

子ども連れの外出は、極端に行動を制限されます。電車に乗るのもお店に入るのも難渋します。その上、とてもよく泣く。そのたびに周囲に気を遣い、冷や冷やしなければなりません。

自由時間が極端に減り、着たい服が着られなくなり、食べたい食事も摂れなくなる……。

少し羽を伸ばせば、「母親なのに」「幼な子がいるのに」と白い目で見られる。

そんな状態が、短くても5年は続くのです。

その間、パートナーにもイクメンなどで確かに負担はかかるでしょう。ただ、好きな食事を自由に摂り、誰はばかることなくお酒を飲み、夜に仕事や会合を重ね、服装も独身時代と変わらず通せてしまう。その、負担の非対称性に気づいている人がどれほどいるでしょうか。

妊娠は、未婚の女性にまで大きな圧力となってます。「出産適齢期」という言葉が重くのしかかるからです。

多くの女性は20代後半になるとこの言葉を重く感じ始め、30歳になれば不安、35歳になると焦り、そして40歳になると絶望を感じます。

そこへ、親族友人が「まだか」と圧力をかける。

令和の世に入り、ようやく「まだか？」という言葉をハラスメントと認識するようになりました。ところが、代わって「少子化対策」という国策で不特定多数が、未婚女性にハラスメントを加えています。

こうした妊娠にまつわる辛さの、そのほとんどが女性のみに負わされているのです。

これでは、女性がへそを曲げてしまうのも当然でしょう。ここまでのハンデと引き換えに手に入れられる対価は、「かわいい」という感情が、その大部分です。それを「女の悦び」として、社会は女性に押し付けてきました。

女性たちは、こんな茶番に気づいてしまった。それが、少子化の正体ではないでしょうか。

産むのは当たり前ではなく、そうするしかなかったから

かつてなぜ、女性は子どもを産んだのでしょう？

その理由は「そうするしか生きていけない」社会だったからでしょう。

仕事を男性ばかりに任されていたから、女性が生きていくためには夫の稼ぎに頼って家に入るしかなかった。こうしてできた性別役割分担が、20世紀終盤以降、音を立てて崩れ出した。女性も働いて、一人で生きていける。それで自《おの》ずと、少子化が頭をもたげたわけです。

今までの少子化対策は、育児費用補填、子育て支援、結婚相手と出会う機会の確保など、「お金と確率」の問題が重視されがちで、心のほうはないがしろにされてきました。そのため女性たちは、心のどこかに違和感を抱き、積極的に歓迎できなかったのではないでしょうか。

少子化対策を叫ぶ前に、私たちは、女性の心に向き合うべきです。そして、社会を隅々まで見渡し、何が女性を結婚や出産から遠ざけているかも明らかにすべきです。

少子化　女〝性〟たちの言葉なき主張／目次

第3章

「強い男とかわいい女」が褪《あ》せない人たち

第4章　30歳「不安」、35歳「焦燥」、40歳「諦め」

第5章　もう一度、女性が子どもを産みたくなるために

第1章

社会は女〝性〟をいかに弄《もてあそ》んだか

この100年間、女性と子どもをテーマにした政策や言説は多々見られました。ただ、本当に女性たちが心から嬉しくなるような「言葉」は、そこにあったでしょうか。

「お国のため」が「会社のため」「社会のため」に衣替えし、「家系にふさわしく」が「キャリアにふさわしく」「将来のため」へと変化しています。でも、いずれの主語も「国」「会社」「家」「キャリア」「将来」であり、女性自身ではありません。

過去の言説に目を向ければ、現代人の感覚からはありえない暴論が目白押しで、本当に「酷い」の一語に尽きます。ただ、現在行われている数々のキャリア論や少子化議論も、一皮むけば、女性が主語ではないという意味では大差がないでしょう。

世に言う政策論争や有識者提言が、女性を弄《もてあそ》んでいるということに、そろそろ気づくべきです。この章では、歴史の流れを紐解きながら、女性の脱〝玩弄《がんろう》〟を考えることにいたします。

1．らいてうと晶子のバトルが現代人に教えてくれること

――明治・大正前期

西欧でも日本でも「妻は夫に従属するもの」

今から100年余り昔、女性の生き方を女性自身が論じ合った時代がありました。明治の大変革期と昭和戦前の全体主義に挟まれた大正の世。民本主義という名の自由な風が吹いたこの時期に、女権の拡大に対して、ようやくもの言う風潮が奇跡的に生まれています。当代きっての女性論客である与謝野晶子と平塚らいてうが、「女権」派vs「母権」派となって繰り広げたこの論争は、じつに示唆に富んでいます。

らいてうは当時の常識の範囲で、女性が最大限幸せに生きるための現実論を語ったと言えるでしょう。彼女は性別役割分担を肯定し、女性は家に入って子育てに尽くすべき、と説きます。

平塚らいてう（1886～1971）
（写真＝国立国会図書館ウェブサイト／PD-Japan-oldphoto／Wikimedia Commons）

与謝野晶子（1878～1942）
（写真＝PD-Japan-oldphoto／Wikimedia Commons）

その代償として、政府が子育て費用を負うべき――これが彼女の主張した「母権」論です。この「女性の自立を否定する意見」が、当時のモガ（モダンガール）からは絶大な支持を受けました。じつは、らいてうだけでなく、当時の著名な進歩的文化人の発言も、こぞってこの考え方に拠っていたのです。

1896（明治29）年に制定された民法第14条には「妻の無能力」が規定されていたほどで、当時は結婚後、働くには夫の許可が必要でした。

この点については、日本が世界的に遅れていたわけではありません。

こうした「妻は夫に従属する」という考え方が、欧州にも根づいていました。元来、職業機会の少ない女性、とりわけ育児期の女性は夫に守られるべきであり、その代わりに夫には妻を扶養する義務が課される。それで男女は釣り合うという考え方が根源にあります。簡単に言えば、「仕事のないお前を食わせてやるから、文句は言うな」ということでしょう。

西欧でもこんな感じだったのです。こうした背景がわかると、後段で説明する文豪トルストイや、進歩的女性識者のエレン・ケイが、男女役割分担を説く理由も腹落ちするはずです。対して晶子は、「生物学的に言えば、女性にしかできないのは妊娠と出産のみであり、育児や家事は男女ともにできる。労働も男女平等にできる」と説きます。今日的にはとてもしっくりくるこの「女権論」には、多くの人が一歩引いた見方をしていました。当時は、条件のいい労働は男性に委ねられていたので、女性が就けるのは劣悪な仕事ばかりでした。そんな危険で低待遇な仕事よりも、家庭に入るほうが女性は幸せだと考える背景があったのです。

ここが社会問題の難しいところです。

今から見ると暴論と思える話も、その当時の社会条件の中では合理性が高いことがあるのです。逆に現代的には当然と思える秀論も、その時代に「無理筋」であれば、理想論だと喝破されかねません。

この常識論×理想論の皮肉な構造を、らいてうと晶子の論争から読み取り、社会を見る一つの糧《かて》にしてほしいところです。

エレン・ケイ（1849～1926）は、スウェーデンの社会思想家・教育学者・女性運動家（右）。（画像＝Carl Milles『en biografi』／PD Sweden／Wikimedia Commons）

与謝野晶子と平塚らいてうの「女権×母権」論争

明治も半ばすぎた頃から、独身に限れば女性の職場もしだいに増えてきます。女性の電話交換手が生まれたのは1890（明治23）年、国鉄と三越が初めて女性社員を採用したのが1900（明治33）年と1901（明治34）年。ただ、こうした職域もやはり、アシスタントもしくは色添えとしての側面が強く、産業界のメインで活躍するのはやはり男性ばかりでした。

それでも、働く女性の増加は、女性解放運動へとつながっていきます。その流れの中で、理論的支柱となったのが、1911（明治44）年に創刊された女性雑誌『青鞜』です。平塚らいてうが書いた「元始、女性は実に太陽であった。（中略）今、女性は月である。（中略）私共は隠されて仕舞った我が太陽を今や取り戻さねばならぬ」という発刊の一節が大きな反響を呼び、発行元の青鞜社に購読ならびに入社希望者が殺到しました。社屋周辺に集う女性たちは「新しい女」と呼ばれたそうです。

ところが『青鞜』は一度発禁処分となり、その後1916（大正5）年に、わずか52号で休刊。らいてうは、よりいっそう女性解放を目指し、市川房枝らとともに1920（大正9）年に新婦人協会を設立。「女子高等

『青鞜』の創刊号。（画像＝高村智恵子作／CC-PD-Mark／Wikimedia Commons）

教育、婦人参政権、母性保護」などを目標に掲げました。

そのらいてうが、1918（大正7）年から翌年にかけ、歌人・与謝野晶子と繰り広げたのが、前述した「女権」×「母権」論争です。「元始女性は太陽であった」の一文が寄せられた『青鞜』創刊号には、与謝野晶子も有名な「山の動く日来る」で始まる詩を書いています。つまり、当初は両女が揃い踏みしているのですが、晶子はその後、『青鞜』とは距離を取っていきます。

女性の自立を訴える晶子は、らいてうや当時の青踏に集うモガたちが説く「家事・育児こそ女性の生業《なりわい》」という性別役割分担論にどうしても納得できなかったのでしょう。晶子は「母性偏重を排す」の中で次のように述べています。

「人間は単性生殖を為し得ない。男は常に種族の存続に女と協力して居る。この場合に唯だ男と女とは状態が異なるだけである。男は産をしない、飲ますべき乳を持たないと云ふ形式の方面ばかりを見て、男は種族の存続を履行し得ず、女のみが其れに特命されて居ると断ずるのは浅い。

トルストイ翁もケイ女史も何故か特に母性ばかりを子供の為めに尊重せられるけれど、子供を育て且つ教へるには父性の愛もまた母性の愛と同じ程度に必要である。殊に現在のやうにまだ無智な母の多い時代には出来るだけ父性の協力が無いと子供の受ける損害は多大である。母親だけが子供を育てることは良人が没したとか、夫婦が別居しているとか云ふやむを得ざる事情の外は許し難いことである」

（「母性偏重を排す」　１９１６年２月より）

何も子育ては母だけの役割ではなく、あくまで男女平等という主張は、昨今ようやく日本にも定着しつつあります。１００余年前にそれを唱えた晶子は、まさに開明的と言えるでしょう。二人の意見の相違は、当時のスウェーデンの女性思想家エレン・ケイへの評価にも見て取れます。

エレン・ケイは、「女の生活の中心要素は母となることである。女が男と共にする労働を女自身の天賦の制限を越えた権利の濫用だとして排斥すべし」と主張しています。典型的な性別役割分担に基づく言葉ですね。これに対して、晶子は以下のように猛反発しました。

「私は母たることを拒みもしなければ悔いもしない、寧ろ私が母としての私をも実現し得たことは其相応の満足を実感して居る……（中略）女が世の中に生きて行くのに、なぜ母となることばかりを中心要素とせねばならないか。人間の万事は男も女も人間として平等に履行することが出来る」

（「母性偏重を排す」　１９１６年２月より）

一方、らいてうは、その翻訳をするほどまでエレン・ケイに心酔していたため、晶子の批判を甘受することができません。

女性は、無理を押して不平等で危険な労働に就くよりも、家事育児を選ぶほうが合理的であり、社会はその保障をすべき、と反論したのです。女性の育児労働により、子どもは国家の担い手へと育ち、社会を支える。だからこそ、国がその手当を払うべきと論を続けます。

対して晶子は、劣悪な女性の労働条件の改善、そして、男性の扶養に頼らない女性の自立を希求すべきと対論を張りました。らいてうは晶子の主張に対し、当時の女工の悲劇的な労働状況を挙げて再反論するというかたちで、両者のバトルは熱を帯びていきます。

らいてう「よい子を育てる母を国家がサポートすべき」

らいてうは、「国家による育児サポート」があれば、妻は夫よりも強い立場に立てると主張します。育児期は夫の収入に頼る妻の立場は弱くなり、さらに自由も損なわれる。国の後ろ盾があれば、そうした憂いはなくなる、というのがその理由です。

「母親をして安んじて家にあって、その子供の養育並に教育に自身を捧げしめ得ると同時に、その生活を男子によらねばならぬ屈辱からも免れしめる」

（「母性の主張に就いて与謝野晶子氏に与ふ」より）

現在の育児休業手当の概念と通じるところがあり、また夫に頼らざるをえない環境からの脱出という意味でも筋は通っているでしょう。

では、その原資はどこから出るのでしょうか。

「子供の数や質は国家社会の進歩発展にその将来の運命に至大の関係あるものですから、子供を産み且つ育てるといふ母の仕事は、すでに個人的な仕事ではなく、社会的な、国家的な仕事なのです。そしてこの仕事は婦人のみに課せられた社会的義務で、これは只子供を産み且つ育てるばかりでなく、よき子供を産み、よく育てるといふ二重の義務となって居ります。しかもこの二重の社会的義務は殆ど犠牲的な心身の辛労を通じてでなければまっとうされないもので、とても他の労働の片手間などのよくし得るものではありません。ですから国家は母がこの義務を尽くすといふ一事から考へても十分な報酬を与へることによって母を保護する責任があります。

（中略）真の母でなければ到底出来ない行き届いた注意や、理解によって、児童の精神も肉体も一般に健全なものとして育ちますから、国家の利益とも一致します」

（「母性保護問題に就いて再び与謝野晶子氏に寄す」１９１８年７月より）

つまり、こうして育てられた子どもは、お国のため、富国・強兵に資するのだから、この女性の損失に対して、国は保障を行うべきという意見でした。
対して、晶子はある面で賛成しながらも、この国家保障論さえも忌避するのです。

「平塚さんが『母の職能を尽し得ないほど貧困な者』に対して国家の保護を要求せられることには私も賛成します」

（「平塚さんと私の論争」１９１８年６月より）

「妊娠や分娩の期間には病気の場合と同じく、保険制度に由って費用を補充すると云ふやうな施設が、我国にも遠からず起るでせう。否、大多数の婦人自身の要求で其施設の起る機運を促さねばなりません」

（「平塚、山川、山田三女子に答ふ」１９１８年11月より）

「国家の特殊な保護は決して一般の婦人に取って望ましいことでは無く、或種の不幸な婦人のためにのみやむを得ず要求さるべき性質のものであると思って居ます」

（「平塚さんと私の論争」１９１８年６月より）

晶子は用心深く、貧窮者以外は国に頼らず、保険のような相互扶助で育児期間をしのぐべき、という姿勢をとります。晶子が抱いた「国に頼る」ことへの危惧は、一世代あとの昭和前半において現実となっていきます。育てた子どもたちは、お国のためにと駆り出されていく……。「国に頼った分、国に返す義務が起こる」のを予見していたのかもしれません。

加えて、女性にとって問題の多い当時の社会を肯定して国と母が手を組めば、すなわち現状肯定になってしまうとも考えたのでしょう。

らいてうと晶子の「母権×女権」論争は、私たち現代人の感覚からすれば晶子が正しく見えます。ただ、同時代的には、らいてうが圧倒的に支持されていました。

翻って考えれば、私たちが「正しい」と思っている現代の常識も、未来の人からは滑稽に思われる可能性があるのです。多くの現代人に支持される意見とは、「現代という一瞬」の常識にすぎないのでしょう。晶子的な「早すぎる正論」のほうが、ことの本質を突いている可能性があることも心しておくべきです。

日本でもじきに男女同権が謳われますが、性別役割分担は平成中期まで色濃く残りました。結果、「女性は男に頼らずには生きていけない」という根本的な問題が解決されないままでした。

それが、不況と少子化で「女性も働くべき」と急転し、ようやくこの問題も取り除かれつつあります。この宿痾《しゅくあ》の構造を百年も昔に言い当て、「女性の経済的自立」に踏み込んだ晶子の主張は、まさに卓見と言うべきでしょう。

2．産め・産むな。転変する「上からの指令」
――大正後期から高度経済成長期

大正・昭和期の産児調節運動

いつの時代でも、女性は、その時代の〝社会の声〟に弄ばれてきました。

過去を振り返ると、その時々の世相により、「産め」「産むな」と政策は両極に振れ続けます。

今、岸田政権がとっている異次元の少子化対策も、結局は「時代の主たる声」に他ならないのでしょう。それらはみな、「主語」は女性ではなく、国や社会、経済でしかありません。だからこそ、女性はもう、素直にその声を聞くことができなくなってしまったのでしょう。まずは、「なんて酷いことを、社会は女性に押し付けてきたのか」と過去を振り返ってみましょう。

大正時代中盤の1918（大正7）年に米騒動や打ちこわしが起きました。その背景には、労働者（無産者）の生活難、人口過剰による食糧不足といった社会問題があります。この苦境を乗り越えるには食い扶持《ぶち》を減らすべき、と欧米の産児調節運動への憧憬が募り始めました。

産児調節運動の理論的支柱となったのは、アメリカ人のマーガレット・サンガー女史です。彼女は1922（大正11）年に来日講演を行います。ただ政府は、彼女の意見を一般大衆には聞かせず、医師・薬剤師にのみ許可しました。こうしたかたちで、産児調節運動は小さく始まります。

その後、第一次大戦後の不況、関東大震災と貧困・食料不足が続き、1930（昭和5）年からの昭和恐慌下に産児調節運動も最盛期を迎えます。多くの関連団体が結成され、各地に産児制限相談所が開設されていきました。

サンガー女史が主導した昭和初期の産児制限は、以下の4つの骨子からなります。

第一は、やはり貧困からの救済。貧困なのは養う家族が多いからであり、その数を減らすことで生活は向上する、という考え方です。

二つ目は、人口過剰による社会問題の解決。食糧不足の打開策とされた海外移民もなかなか進みません。人口増加はそのはけ口を求め、戦争を引き起こす危険性すらある。国際紛争を防ぐには、国内で国民を扶養できる程度に人口を制限すべき、という政策的な主張です。

三つ目は母体保護。多産からの女性の解放と、「女性による生殖の自己決定」。多産は母体の健康を損ない、しかも妊娠・育児期間の長期化により、女性から自己修養の時間を奪うという趣旨です。当時、サンガー女史ほどの人でも、女権への配慮は3番目でしかありませんでした。

最後は、人間の質の向上。これは前述の「自己修養の拡充」とはまったく別の話です。なんと、種の改良に役立つという側面が強調されていました。親が悪疾《あくしつ》遺伝子を持つ場合は、断種（不妊手術）を奨励すべきという、現在では到底、受け入れられない優生学的主張です。

サンガー女史と息子のグラント（横浜港・1922年）。戦後も日本の産児制限のため5度来日した。（写真＝アメリカ議会図書館／PD US／Wikimedia Commons）

サンガー論には女性を主語にした主張があった

このように、当時の産児調節運動は、優生思想、脱人口過剰・食糧不足、脱貧困、戦争抑止など政策的側面が強いものでした。社会のあるべき論から発した「産め」と「産むな」がこのあと、昭和後期まで連綿と続けられ、その影響は現代にまでおよびます。所詮、女性を道具として見ている点は同じであり、だからこそ女性は、そうした為政者のおためごかしを煙たく思ったのでしょう。ただ、その中でもサンガー女史がキラリと光るのは、女性のクオリティー・オブ・ライフに触れている点。長らくサンガー崇拝が日本の女性に染みついたその理由は、彼女の主張には、「女性を主語にした」一節があり、それが多くの女性の心を揺さぶったからに相違ありません。

産児調節運動の浸透に伴い、1930年代には出生率が低下し始めます。1930年に4・72だった合計特殊出生率が37年には4・37、38年には3・82、39年には3・74と急降下を見せるのです。ところがここで、強烈なカウンターが浴びせられることになりました。

満州事変から日華事変へと戦争が泥沼化する中で、多数の兵士が必要となります。そこで、「産めよ殖やせよ」「子宝報国」というスローガンがつくられ、多産奨励色が強まるのです。1941（昭和16）年1月に閣議決定された「人口政策確立要綱」では、当時7200万人だった人口を1960年に1億人にすることを謳っています。そのためには、むこう10年で婚姻年齢を3年早め、一夫婦あたりの出生数を平均5人にする、という計画が発表されました。まさに、主語は「国」「社会」という灰色の景色です。

こうして、一度目の少子化トレンドは完全に潰えたのでした。

戦争が女性にもたらした思わぬ副産物

一方で、戦争は女性に対して思わぬ副産物をもたらします。
それは、〝片時の自由と承認〟でした。

靖国神社を参拝する大日本国防婦人会の会員（1938年）。
（写真＝『靖國神社臨時大祭記念寫真帖：昭和十三年十月』／PD-Japan-oldphoto／Wikimedia Commons）

白の割烹着にたすき、小旗を振りながら出征兵士の見送りをする婦人たち。彼女らは国防婦人会の面々です。この運動は、１９３２（昭和7）年、出征兵士が多かった大阪港の近くで、わずか40人で発足した自主的組織がもとになっています。活動内容は兵士の見送りの他、留守家族の支援、傷病兵や遺骨の出迎え、慰問袋の調達と発送、防空演習の主導などなど。

この〝地方の一団体〟として生まれた国防婦人会は、居住地や職場方式で急速に会員を増やして全国組織となっていきます。１９４０（昭和15）年末には会員数が約９００万人にまで拡大（のちに他の女性団体と統合され、大日本婦人会に改称）。会員数の急速な伸びは、もちろん軍部の支援があったこともありますが、それ以上に女性が「喜んだ」ことが大きかったと言われます。

当時は、女性は家に従属する嫁であり、家事や育児、舅《しゅうと》の世話に追われ、自由な外出もままなりませんでした。

ところが、国防婦人会に入れば「お国のため」という理由で家から離れ、さまざまな活動に従事できます。自由と、自分が社会の役に立っているという自己効力感を得ることができる。そして、婦人会の中で役職などもあてがわれ、後輩指導やマネジメントなど疑似的な社会経験も果たせます。まさに、自由と承認が、彼女らを婦人会へと奔《はし》らせたのでしょう。

婦人運動家の市川房枝さんは、のちに自伝にこう記しているほどです。

「国防婦人会については、いうべきことが多々あるが、かつて自分の時間というものを持ったことのない農村の大衆婦人が、半日家から解放されて講演を聞くことだけでも、これは婦人解放である。時局の勢いで、国防婦人会が村から村へ燎原の火のように拡がって行くのは、その意味でよろこんでよいかもしれないと思った」

戦争の仇花《あだばな》でもあり、何とも皮肉な女性解放が起きたと言えるでしょう。

人工妊娠中絶が合法化

1945（昭和20）年、日本は〝多子化〟政策もかなわず、物量で圧倒する米軍に敗れました。日本の再興を恐れたGHQ（連合国軍総司令部）の介入もあって、戦後日本では再び少子化＝産児調節運動が息を吹き返します。もちろんここでも、政策の主語は女性ではありませんでした。

終戦の翌1946（昭和21）年1月には厚生省が人口問題懇談会を開催し、その継続的審議のために財団法人人口問題研究会内に人口政策委員会を設置。「過剰人口の解決は至難」とし、「出生調節の普及は必然の勢」とする建議を同年11月に提出しています。ここで再びサンガー女史を1954（昭和29）年に招聘《しょうへい》し、今回は国会にも彼女が呼ばれることになりました。

産児制限を事実上、後押ししたのが、1948（昭和23）年制定の優生保護法です。「優生上の見地から不良な子孫の出生を防止するとともに、母性の生命健康を保護すること」を目的とし、母体の危険がある場合といった条件付きながら、人工妊娠中絶が初めて合法化されました。優生思想が色濃く影を落とす政策ではありますが、女性への配慮が明文化された点は、小さいながらも前進したと言えるでしょう。

1949（昭和24）年には経済的な理由での中絶も認められ、1952（昭和27）年には医師の認定と配偶者の同意があれば手術が受けられるようになります。まだ胎児の人権には配慮が不足していますが、ともあれ女性の権利が拡大したのは否めないところでしょう。

その後ほどなく、産児制限は政府によって「家族計画」と呼び替えられるようになります。子どもは自然に授かるものから、計画して産むものへ変わったということでしょう。

図表2　**日本人の出生数・合計特殊出生率の推移**

年次	出生数	出生率	年次	出生数	出生率
1899年	1,386,981	-	1966年	1,360,974	1.58
1905年	1,452,770	-	1967年	1,935,647	2.23
1910年	1,712,857	-	1968年	1,871,839	2.13
1915年	1,799,326	-	1969年	1,889,815	2.13
1920年	2,025,564	-	1970年	1,934,239	2.13
1925年	2,086,091	-	1971年	2,000,973	2.16
1930年	2,085,101	4.72	1972年	2,038,682	2.14
1935年	2,190,704	-	1973年	2,091,983	2.14
1937年	2,180,734	4.37	1974年	2,029,989	2.05
1938年	1,928,321	3.82	1975年	1,901,440	1.91
1939年	1,901,573	3.74	1976年	1,832,617	1.85
1940年	2,115,867	4.12	1977年	1,755,100	1.80
1943年	2,253,535	-	1978年	1,708,643	1.79
1947年	2,678,792	4.54	1979年	1,642,580	1.77
1948年	2,681,624	4.40	1980年	1,576,889	1.75
1949年	2,696,638	4.32	1981年	1,529,455	1.74
1950年	2,337,507	3.65	1982年	1,515,392	1.77
1951年	2,137,689	3.26	1983年	1,508,687	1.80
1952年	2,005,162	2.98	1984年	1,489,780	1.81
1953年	1,868,040	2.69	1985年	1,431,577	1.76
1954年	1,769,580	2.48	1986年	1,382,946	1.72
1955年	1,730,692	2.37	1987年	1,346,658	1.69
1956年	1,665,278	2.22	1988年	1,314,006	1.66
1957年	1,566,713	2.04	1989年	1,246,802	1.57
1958年	1,653,469	2.11	1990年	1,221,585	1.54
1959年	1,626,088	2.04	1991年	1,223,245	1.53
1960年	1,606,041	2.00	1992年	1,208,989	1.50
1961年	1,589,372	1.96	1993年	1,188,282	1.46
1962年	1,618,616	1.98	1994年	1,238,328	1.50
1963年	1,659,521	2.00	1995年	1,187,064	1.42
1964年	1,716,761	2.05	1996年	1,206,555	1.43
1965年	1,823,697	2.14	1997年	1,191,665	1.39

出典：国立社会保障・人口問題研究所「人口統計資料集」、厚生労働省「人口動態統計」

この時代の少子化促進の流れには、（ＧＨＱによる）日本再興の防止、人口過剰問題など、国や社会が主語となる目的が並んではいます。その中で、望まぬ妊娠の排除、母体の保護という2点が、わずかに女性への慮《おもんぱか》りと言えるでしょうか。

「セックスの会社管理」で妊娠数は激減

家族計画の話を進めましょう。『昭和33年度版　厚生白書』はこう書いています。

「われわれが健康にして文化的な生活を営むためには、自らの手で家族設計すなわち適当な家族構成を考えて行くことが必要となる。（中略）現在と将来を考え、適当な時期に適当な数の子どもを生む自主的な計画をいうのであるが、このような家族計画を実施するための手段が受胎調節なのである」

つまり、中絶などの荒技が必要となる前に、「望まぬ妊娠」を回避させる受胎調節（避妊）が必要ということでしょう。こうした政府の旗ふりで家族計画は広範に広まっていきました。

１９５０（昭和25）年に国立公衆衛生院がスタートさせた「計画出産モデル村」事業が、その先駆けとなります。子宝思想が色濃く残る農村部に専門家を派遣し、地元の保健婦と連携し、避妊の指導を行いました。

政府の放ったこの荒矢に、企業経営者も強く射抜かれてしまうことになります。

企業側が行ったのは経営効率を上げるための産児制限。子どもが減れば、家族手当や医療費が節約できる。社宅も狭くて済む。夫は家庭での負担が減り、仕事に専念できる……。まさに主語は「会社」です。この民間施策に、厚生省の人口問題研究会の指導の下、保健婦が指導員として派遣されていくのです。

先陣を切ったのは、日本鋼管川崎製鉄所でした。モデル地区として1122世帯を選び、5世帯1グループで主婦、つまり社員の妻を組織化し、1953（昭和28）年6月から指導員10名が実地教育に赴きます。指導前と1年後の1954（昭和29）年に行った調査によると、716世帯（妻が49歳未満）で、受胎調節実行者は39・7％から56％に上昇、妊娠数は238から67へ、出産数は154から25へ激減しました。

これらは「新生活運動」と称され、以降、1960年代に国鉄、東芝、日本通運、三井鉱山、トヨタ、日産、中部電力などの大企業や官営企業で実施されていきます。ピーク時には55企業・団体124万人が参加したと言われるほどになりました。これを揶揄し、「セックスは〝会社管理〟」という見出しを掲げる週刊誌まで現れたほどです。

戦後長らく「企業共同体」といわれた所以がよくわかるでしょう。子どもの数まで会社が口を挟み、何より、従業員の「妻」という会社と雇用関係にない人にアプローチして、その「性生活」まで管理下に置く体制……。

主語が国や社会から、会社に置き換わっただけとも言えるでしょう。戦後、米国型自由主義にさらされても、生活の本質はあまり変わっていませんでした。

こうした官民挙げた努力が実り、団塊世代を誕生させた戦後のベビーブームは5年で終わっただけではなく、その後も出生数は減り続けていきます。

ただ、第一次ベビーブーム世代が出産適齢期になる1971（昭和46）年から、第2次ベビーブームが起こり、再び人口過剰論が頭をもたげます。

1974（昭和49）年7月、政府が後援し、人口問題研究会、日本家族計画連盟など4団体が共催した「日本人口会議」が東京で開かれました。「子どもは2人までという国民的合意を得るよう努力すべき」という大会宣言が採択され、政府に対し、人口庁の設置やピル、避妊リングの公認を要望しています。

戦前の国への奉仕から、戦後は、日本株式会社として会社人間とその妻を生み出し続ける構造へと変化しましたが、産め・産むなという指令が上から来ることは、なんら変わりがなかったと言えるでしょう。

3.〝女性のあるべき像〟が、いつの時代も女性を苦しめる

――バブル～平成中期

女性の定年は25歳だった

戦後、新憲法には夫婦は同等の権利を有することが盛り込まれ、旧民法に定められていた「妻は無能力」の文言は削除されます。1947（昭和22）年に制定された労働基準法65条には女性向けに産前産後の休暇に関する規定が設けられました。こうした改革の中で、企業で雇用される女性の数は年々増加し、1965（昭和40）年には雇用者総数の32％が女性で占められるようになります。

ところが一方で、女性の差別的な待遇はなかなか改善されません。

たとえば、労働省が1966（昭和41）年に行った「既婚女子労働者に関する調査」によれば、

定年の定めのある企業において、3割がその年齢に男女差を設けていました。錚々《そうそう》たる顔ぶれの企業が女性の定年を25歳、あるいは30歳という若い年齢に設定していたのです。

このような性別による不平等を撤廃する動きは1979（昭和54）年に、国連で女子差別撤廃条約が採択されたことを機に高まります。1985（昭和60）年には日本も同条約に署名。それが大きな圧力となり、1972（昭和47）年に施行された勤労婦人福祉法を改正するかたちで、1985（昭和60）年に、募集・採用から退職までの雇用管理上の均等扱いを義務づけた男女雇用機会均等法（雇均法）が制定されることになります。

この成立過程の曲折はマスコミで何度も詳《つまび》らかにされているので、ここではあえて触れないことにして、同時期に起こった働く女性を取り巻く問題を考えることにいたしましょう。

アグネス論争とは何だったのか

1987（昭和62）年に、のちのち「アグネス論争」と呼ばれるニュースが、ワイドショーを連日賑わせました。タレントのアグネス・チャンが、1歳に満たない自分の乳児をテレビ番組の収録現場に連れて来たことへの是非について、激しい論争が繰り広げられるのです。「大人の世界に子どもを入れるな」「甘えている」といった否定的意見があった一方、「働く女性の背後には子どもがいることを世に示した」という肯定的意見もありました。

この問題はいったい何だったのでしょう？

職場に子どもなど連れて来るべきか否か、ということを論点にすると、話の本質が見えなくなってしまいます。当時は、「母は働かない」ことがテーゼだったのです。少なくともフルタイムで仕事をこなす「母」は本当に少なかった。働くならパートが関の山であり、フルタイマーの職場には「母」はいない。だから、当時の職場では「家事」も「育児」もあずかり知らぬことでしかなかったのです。

アグネス論争はこうした社会の偏りに一石を投じたのではないでしょうか。脆弱《ぜいじゃく》な保育インフラの中で、母がフルタイムで働いたらどうなるのか。「家庭」と「職場」が分離され、子どもたちは「働くリアル」を知らずに育つことの是非。育てる苦しみは「母」しか知らないという男女の非対称性。

こうした問題を問いかける原点が「アグネス論争」だったと言えるでしょう。

当時、恋愛結婚して核家庭で暮らすという戦後文化が定着していましたが、それがかえって性別役割分担を強化してしまい、女性の自立は一向に進んでいなかった。そのことにもう少し早く日本全体が気づいていれば……。

女性に「働け、産め、育てろ」の三重苦を背負わせる

昭和が終わり平成となった頃、少子化は深刻さを増していました。

この頃には年間出生数は120万人台へと落ち込みます。1990（平成2）年には「1・57ショック」なる言葉も出現しました。前年の出生率が、統計のある限り最低だった1966（昭和41）年の1・58を下回り、1・57となったことに端を発します。

1966年は干支が「丙午《ひのえうま》」でした。「丙午生まれの女性は気性が激しく、夫の命を縮める」という迷信があります。これは、江戸時代初期の「丙午の年には火災が多い」という風聞と、八百屋お七（火付けで有名な女性）が丙午の生まれだったことが相まって、女性の結婚に関する言い伝えとして広まったとされています。こうしたことから、1966年には産児調節で出産を避ける人が多くなり、その結果、この年の出生率が極端に落ち込みを見せたのです。

ところが、その丙午の谷さえも、1989年の出生率はあっさり下回ってしまいました。当時の出生率をもじって「1・57ショック」とマスコミが相次ぎ報じたため、少子化の深刻さを世に知らしめるきっかけになります。

政府もいよいよ対策に力を入れだすのですが、雇均法が施行されたばかりの経済界は女性に対し、「出産でなく働いてもらうことを重視すべき」という姿勢で、足並みがそろいません。

政府がようやく対策に本腰を入れるのは、それから5年もたった1994（平成6）年のこと。仕事と子育てを両立できる環境を整備するため、文部、厚生、労働、建設の四大臣合意の下、10年にわたり取り組むべき施策を定めた「今後の子育て支援のための施策の基本的方向について」（通称エンゼルプラン）が打ち出されます。

続いて、1999（平成11）年には大蔵、自治両大臣が加わった新エンゼルプランを策定。2003（平成15）年には議員立法のかたちで少子化社会対策基本法が制定され、首相を会長とし全閣僚が委員となる少子化社会対策会議が設置されることにもなりました。

ただ、これらの計画には、一向に成果が上がらない根本的な問題がありました。エンゼルプランで謳われた「女性支援」とは、女性が働きながら育児や家事ができるようにするということです。それは、とどのつまり、女性に「働け、産め、育てろ」という三重苦を負わせることに他なりません。

こうした理解なき支援が、2010年代半ばまで続きます。政策文書には「女性活用」という、まるで牛馬を扱うような言葉が平気で政策に盛り込まれ、進歩的と言われた民主党政権下においてでさえ、それが悪気なく明記されたものです。

優秀な同性が振りかざす成功則がしんどい

政治家や中央官僚の中枢は所詮、男性ばかりだったのだから、女性の気持ちが理解できなかった面が多々あったのでしょう。

ところがこの頃、同性である女性の先達からも、女性たちになかなか厳しい意見が浴びせられています。

２００４（平成16）年に発売された『オニババ化する女たち』（光文社新書）では、疫学者の三砂ちづる（津田塾大学教授）さんが、「社会の中で適切な役割を与えられない独身の更年期女性」を「オニババ」と呼んでいます。

女性の身体に備わっている次の世代を準備する機能が使われないと、性と生殖に関わるエネルギーが行き場を失い、その弊害があちこちに出て、女性が総オニババ化しがちだというのです。20年ほど前にこんな本が上梓できたことに、まず驚きを禁じえないでしょう。

解決策として、三砂さんは「早婚」を勧めています。「とにかく早く結婚したほうがいい、あるいは、結婚しなくても女性は早く子どもを産んだほうが、いい」、それは女性の身体にとってもよいことだが、仕事を考えたとき、「そのほうが理想に近い」とも言います。

20歳で子どもを産むとすると、45歳になったら、子は成人して手を離れている。45歳というその盛りの年齢に「仕事のことだけ考えて思いきり働けるというのは、近代産業社会にとっても、非常に貢献できる」……これが三砂さんの言わんとするところ。

三砂さんは極端に書いているのかもしれませんが、違和感は否めません。まず第一に、20歳で子どもを産むということは、大学も出られないでしょう。パートナー選びなど、10代の右も左もわからない時分にできるのでしょうか……。

三砂さんものちに、「30代後半の独身女性から大変な反発があった」（『ＡＥＲＡ』２００７年６

月4日号）と述べています。それはそうでしょう。彼女の論では、行き遅れた女性たちは、もうどうやっても救われないのですから。

勝間和代さんも「時代の常識」を謳った

同じように早婚とキャリアの充実を勧めた識者には、あの有名な経済評論家の勝間和代さんもいます。勝間さんは結婚のメリットを以下のように説明します。

①二人で暮らすことで、家賃や公共料金など、生活の固定費が切り下げられる。
②産まれた子どもへ投資することで、その成長した子どもが恩返しをし、精神的かつ経済的リターンをもたらしてくれる。
③男性より収入が低くなりがちな女性にとって収入が安定するなど生活保障をもたらす。
④子育てを通じ男女ともに社会的成長ができる。
⑤出産には時間的制約があり、女性が若いほど、妊娠・着床率は高い。

「私たちに一番大切なのは時間です。だからこそ、結婚による果実を、なるべく早めに得られる早婚を推奨します」（毎日新聞２００９年5月3日付）。

確かに勝間さん自身が学生結婚し、21歳で長女、25歳で次女、31歳で三女をもうけています。三砂さんと勝間さんのお二人の提言には、二つの傾向があります。それは、「今の時代、最善の生き方をしたいなら、こうすべき」という現実的な論調であることが一つ。これは、第1節で取り上げた平塚らいてうやエレン・ケイが説く母権論とも相通じるところがあるでしょう。むやみに社会と対立していては、女性はますます辛い立場に追いやられるから「現実論として、こうすべき」という時代に即した正論です。

そしてもう一つは、「私や私の周りではこうしてうまくいった」という成功則であること。同性の優秀な成功者から正論を振りかざされれば、一般女性はそれに頷《うなず》くしかないでしょう。そして、その教えをまっとうしようと無理をして疲れたり、自分を責めることにもなる。

別に人生はキャリアのためにあるわけではなく、子どもは社会のために産むものでもありません。エレン・ケイにしても勝間さんにしても、時代のスターであったことは疑う余地がないですが、ただ彼女らは、時代を代弁するトークン・ウーマンでしかなかったのかもしれません。

婚活→妊活と世間総出で煽り上げる始末

少子化を解決するためには、まず、既婚者を増やすことが第一歩となります（欧米は未婚者の出産が非常に多いので、これはあくまでも日本的な考え方ですが）。そこで、「就活」にならい、結婚に向けて活動しようよと、「婚活」という語を広めたのが、「パラサイト・シングル」や「格差社会」の名付け親として知られる山田昌弘・中央大学教授です。この言葉は、ジャーナリストの白河桃子さんが執筆した『AERA』の2007年11月5日号の記事が初出と言われています。

この二人が、翌2008（平成20）年に上梓した『「婚活」時代』（ディスカヴァー・トゥエンティワン）は、晩婚・非婚化の要因と、そこから抜け出すための婚活の必要性、それを成功させる方策までが説かれて評判となり、婚活という言葉が市民権を得るまでになりました。

続いて「妊活」という言葉も生まれます。これは、夫婦が意志を持って子どもをつくろうと活動することを指します。この語ができた背景には、初婚年齢の上昇とそれに伴う不妊治療の増加がありました（日本産科婦人科学会による高齢出産の定義は1991年までは30歳だったが、以後、35歳に改められた）。

妊活が広まり始めた頃、象徴的なニュースが、2011（平成23）年1月、永田町発で世に駆け巡りました。野田聖子衆議院議員が10年の不妊治療を経て、米国で卵子提供を受け、50歳で長男を産んだのです。体外受精を14回も行い、流産も経験したのちの吉報でした。

卵子提供プログラムは海外で広く行われておりました。しかし、当時は日本にまだ関連する法律がなく、日本産科婦人科学会がそれを認めないと自主規制を設けたため、事実上、国内で卵子提供は受けられなくなっていました。そこで、野田議員は米国に渡ったわけです。

野田さんは当時、こう述べています。

「出自を問わず、すべての子どもは宝。子どもに対する意識をそう統一させるべきです。（中略）本当に少子化が深刻だと思うなら、そこを規制緩和しないと小さな枠からしか子どもは生まれてきません」（『AERA』2011年4月18日号）

妊活ブームを背景に苦しむ女性たち

2012（平成24）年3月、少子化ジャーナリストを名乗るようになった前出の白河桃子さんが、不妊治療の最前線にいる医師、齊藤英和氏（国立成育医療研究センター　母性医療診療部不妊診療科医長）と組み、『妊活バイブル』（講談社プラスアルファ新書）を発表しました。

その直前にあたる2月14日、NHKクローズアップ現代「産みたいのに産めない～卵子老化の衝撃～」の影響も大きく、「妊活」という言葉が瞬く間にブームとなっていきます。同番組では未婚で健康な30代の女性が将来、産みたくなったときに産めるよう、卵子の凍結を決断する光景も放映され、「ここまでしないと子どもを産めないのか」という衝撃を世に与えました。

これら2010年代初頭の「産めない事実の提示」は、少子化解決には一つの良薬ではあったのでしょう。ただ、こうした煽りにより、不安と焦燥に苛《さいな》まれる女性が多くなったことも間違いありません。世の中は、「産めるのに産まない」人ばかりではないのです。男性との縁がない、振られる、相手の男性が不実だ、など悩みを抱えている女性は少なくありません。

「早く産むのがいいとわかってるけど、どうしようもない」という女性は、とみに多かったでしょう。

また、「出産は若いうちに」という言葉で、30歳を過ぎた女性を「不良品」「賞味期限切れ」と揶揄する風潮も生まれ、ネットでは縁談を断られた話なども多々見かけます。

「出産は若いうちに」と言われ続け早20年。ところが、初婚も初産も高齢化し続け、今や30代前半女性の未婚率は4割に手が届くほどです。「早く産め」論は、彼女らを絶望と諦めに追いやっているのではないでしょうか。同時に、男性たちの「若年女性指向」が高まり、結果、生涯未婚率ばかりが上がっていくという嬉しくない副作用が大きくなっていることに、そろそろ気づくべきでしょう。

同時期の政治の世界に目をやると、２００９（平成21）年に政権を取った民主党の鳩山政権時、「少子化」という言葉が「上から目線」だとして、「子ども・子育て支援」への言い換えが行われました。出生奨励より、生まれてきた子を大事に育てるべきとも主張しています。確かに「産め」という社会的な圧力は女性を苦しめるので、一理はあるでしょう。ただ、そのことにより、少子化への意識が薄れ、対策が停滞したとも言えます。

２０１２年12月発足の第2次安倍政権下では、こうした姿勢を改め、再び「少子化対策（出生奨励）」に舵を切りました。２０１３（平成25）年には、森まさこ少子化対策担当相の下に政府の諮問機関「少子化危機突破タスクフォース」を立ち上げます。

少子化を食い止める「三本の矢」として、①子育て支援、②働き方の改革、③結婚、妊娠・出産支援を提案しました。しかし、ここでもまだ「イクメン」の扱いは極めて小さく、女性への「働け、産め、育てろ」という多重圧力は解消されておりません。

早婚、早出産願望はあるのに、なぜそれが叶わないのか

先の『妊活バイブル』コンビの齊藤さんと白河さんは東京近郊の大学や高校で、女子学生向けの「仕事、結婚、出産、学生のためのライフプランニング講座」を、2012（平成24）年から出張授業で行っていました。その内容をまとめて、2014年に『「産む」と「働く」の教科書』（講談社）が上梓されます。

この本の中で、白河さんは興味深いデータを紹介しています。都内の中堅女子大の1年生1098人、早稲田大学の2～3年の女子学生112人それぞれに、「結婚と出産の時期をどうしたいか」を聞いたところ、中堅女子大で67％、早稲田大学でも49％の学生が「早く結婚して早く産みたい」と、その多くが「早婚早出産」を希望したのです。

彼女たちがその後、どんな選択をするのかはともかく、そもそも「早婚のすすめ」が不要なくらいに、女性たちはその気を持っているのでしょう。なぜそれが叶わないのか。焚きつける、急かす、追い込む……そんなことでは解決できない本当の理由に迫るべきでしょう。

出産にまつわる話は、まず第一に、為政者や経営者の思惑がいつもそこにありました。続いて社会システム上の有利不利が、多くの場合、女性識者によって語られます。エレン・ケイも、平塚らいてうも、勝間さんも、同じでしょう。

女性たちは、ただ自分の人生を謳歌したいだけなのに、その当たり前の欲求が、二の次、三の次にされてしまう……。

今、話しているその言葉は、多くの女性の気持ちを萎《しぼ》ませていませんか。

女性を道具にしていませんか。

20年後の人たちから嗤《わら》われることはありませんか。

第2章

「女は働くな」と「女も働け」の軋《きし》み

日本には、「男は外で働き、女は家を守る」という性別役割分担意識が、とても長く根づいていました。それは戦前と戦後で理由が異なります。

戦前期は民法にまで、「妻は夫に従属すべし」と平気で書かれており、社会はまさに男性に牛耳られていました。必然、女性が働こうと思えば、条件の悪い仕事しかなく、「安くて危ない仕事をするよりは」家にいるべし、という論調が広まります。だから、進歩的識者まで、「女は家に」を唱えていました。

戦後になると、1946（昭和21）年に公布された新憲法で男女同権が謳われ、民法からも男尊女卑的な記述が一掃されました。そして、西欧風に恋愛結婚して親元を離れ、子ども2人をもうけ、夫は会社でバリバリ、妻は家庭に尽くす「幸せな家庭像」ができ上がります。それがまた、性別役割分担を強化してしまうのです。

ところが平成に入る頃、この「幸せな家庭像」が、崩れ出しました。まず、不況で夫の収入が伸びず、家計を補うため妻がパートに出ることで、「性別役割分担」が綻びだします。続いて、今度は少子化による人手不足が深刻化し、企業は一転して女性の本格的な労働参加を歓迎し始めました。大卒総合職として女性を雇う企業が急増し、女性の経済的自立は少しずつ進みます。こうして昨今、ようやく日本でも、性別役割分担意識は薄まってきました。

ところが、昭和戦後につくられた「幸せな家庭像」の残滓《ざんし》が悪さを始めます。

1.昭和型「お嫁さん」輩出構造

専業主婦前提の「幸せな家庭像」

今では信じられないことですが、昭和戦後の女性たちは、「お嫁さん」になることが、人生の基本でした。教育と産業が「女性をお嫁さんに誘う」よう歩調をそろえ、多くの女性たちは、それに抗うことなどできなかったのです。

なぜ、昭和戦後期の女性は「お嫁さん」になることを強《し》いられたのでしょう？

それは二つの理由からなります。

一つは、「経済成長が順調で、労働者への分配が多かった」こと。好況が続けば、企業は社員の給与を上げ、同時に課長や部長などの役職も奮発します。労働者は長く働いていれば給与も役職も上がるため、容易に家族を扶養することができる。だから、「夫が働けば妻は家にいられる」状態となりました。

もう一つの理由は、年間出生数が２００万人を超えるような多産世代が続いたこと。これだけ出生数が多ければ、その半分の男性しか働かない状態でも、労働供給は十分でした。

この二つが結びつくことで、俗にいう日本型雇用が維持され、性別役割分担がどんどん強化されていくことになります。

バブル崩壊とともに、昭和型社会構造が崩れていく

当時は会社が成長し続けるのでリストラも必要ありません。給与も役職も上がるのだから、転職を志向する人は減っていく。だから、男性は唯々諾々《いいだくだく》と会社に尽くし、その代わり、企業は多重に雇用を保証するようになる。その裏返しで、家事と子育ては妻に任せっきりという昭和型社会構造がつくり上げられていくわけです。

ここで、昭和の社会を振り返るために、2012年に上梓した拙著『女子のキャリア』（ちくまプリマー新書）の一節を紹介します（一部修正あり）。

クリスマスケーキと定年30歳

1980年時分の日本の女性の働き方がよくわかるドラマがあります。

「女は14、5の頃から、結婚については、いろんなことを考えている。ところが、24、5になると、お見合いで2、3回逢って、相手を決めてしまったりする。周りが、どんどん

結婚という柵の中へ私たちを追いこんで行く。いら立つんだけど、とり残されるのも嫌だと思ってしまう。そんな風にして、結婚したくないと、私たちは、心から思っているのだけれど――」（9話冒頭／久美子モノローグ）

「男の人は、ほんの少し私たちの身になってみればいいと思う。25、6になっても結婚しないと、まるでどこかに欠陥があるようにいわれ、ちょっと結婚に夢を描くと高望みだといわれ、男より一段低い人種みたいに思われ、男の人生に合わせればいい女で、自分を主張すると鼻もちならないといわれ、大学で成績がいい人も就職口は少なく、あっても長くいると嫌われ、出世の道はすごく狭くて、女は結婚すればいいんだから呑気だといわれ、結婚以外の道は、ほとんどとざされて、その上いい男が少ないときては、暴動が起きないのが不思議なくらいではないでしょうか？」（12話結び／久美子モノローグ）

あの有名な山田太一さんが脚本を手がけた『想い出づくり。』（1981年、TBS系）という作品の一節です。短大を出て、結婚までのつなぎとして、たった数年会社に勤める。24歳までならば、見合いの話も多く恋も花盛りだけど、25歳になれば、もう売れ残りでちやほやもされなくなるようすを、25日を過ぎたら売れなくなるクリスマスケーキにたとえたのです。短大を出て、たった3年か4年会社に勤め、その間に恋もして、人生をともにする男を見つける。それを〝腰かけ〟と呼んだのも、今ではもう懐かしい言葉の響きです。

当時は、多くの会社が寿退社（結婚退職）を前提に、女性社員を雇っていました。それを内規として定め、しかも就業規則にまで盛り込んでいる企業も普通でした。超大手のエクセレントカンパニーでも状況は同じ。こうした女性の早期退職という会社の方針に対して、大手企業を相手に幾度となく訴訟が起こされてもいます。

１９６６年に東京地方裁判所で出された判決（住友セメント事件　東京地判41・12・20）に付された調査報告が当時の実情をよく物語っているでしょう。女性のみに限定した超早期定年制を成文化している企業は大手全体の８％、金融保険業では20・２％もあるとのこと。文章に残している大手でもこの調子だから、不文律として職場の常識となっていたのは、どれほどか、想像がつくところでしょう。

リストラは「夫がいる女性」「ある年齢以上の未婚女性」の順で……

働く女性にとって、厳しい現実があったことは、他の訴訟からも見てとれます。たとえば、日特金属工業事件では、「整理解雇時は、有夫の女性、ついで、ある年齢以上の女性を優先」することになっていた……。

これは、会社の業績が苦しくなったときに、どの順番で解雇をするか、という取り決めについて書かれたものです。まず、正社員を守るために、非正規社員を解雇する。その次は、結婚している女性正社員。これでも十分に差別的な扱いなのですが、それでもまだ、

「旦那さんがいるから、生活には困らない可能性が高い」からそう決めたのか、とその理由は推測できます。ただ、その次に解雇すべき対象が、「ある年齢を超えた未婚の女性」。こうなると、もうまったく合理的な理由が見つけられないでしょう。そこには、「ある年齢を過ぎた女性は働くべからず」という当時の風潮くらいしか、根拠となるものが想定できません。

そう、そんな社会だったのです。

四年制大学より短大のほうが、偏差値が高い逆転現象

こんな時代だったから、当時は四年制大学に進学する女子高生が少なかった。だいたい10％強で、多くの女性は、高卒かもしくは短大卒という最終学歴で社会に出ていました。

総合職として女性を採用する企業はほとんど見つからず、求人は事務アシスタントの仕事ばかり。だから、四年制大学の経済学部や法学部を卒業するよりも、秘書や事務の勉強ができる、もしくは家事育児が学べる短大のほうが人気が高かったのです。

当時、学力に優れる女子高生が、四年制大学に行きたい！　と言うと、親も教師も先輩も、例外なく、こんなふうに言ったものです。

「四大行ったら、就職なくなるよ！」

このことは、60代以上の女性に聞いてみてください。みな、うなずいてくれるはずです。

余談ですが、こうした優秀な女子が、こぞって短大を受験するため、当時の短大は今とは比較にならないほど高偏差値でした。立教女学院（短大）が立教大学よりも、青山短大が青山学院大学よりも偏差値が高いという四短逆転は、それほど珍しいことではなかったのです。

それでも、どうしても四大に行きたい、という女性もいたでしょう。そうした場合、四年制の女子大に通うことになります。そのため、これまた四年制女子大の偏差値も今より相当高く、東京女子大学や津田塾大学などの名門校は、早稲田や慶応に近い数字となっています（図表2）。

この時代に、大体、日本の大手企業で働く女子のスタイルがつくり上げられてしまったのでしょう。

短大かもしくは四年制女子大を卒業し、事務職として会社に勤める。それも、たいていは腰かけで寿退職。どんなに長くても30歳が限界。だから、女子を長期的に育てていく、という考えが会社にはなかなか根付きません。当然、厳しく指導することもはばかられていくでしょう。それよりも、女子には難しい仕事を任さず、残業もなるべく頼まず、どちらかといえば、庇護し、そして、重要な仕事は男性社員に……。

今、会社で重要なポジションを占める上席者の多くは、80年代に会社に就職した人たちでしょう。ちょうど、こんな文化が浸透していた時期に、社会人としての薫陶を受けた世代なのです。

女性は「学歴・役職・給与で男性より下」という価値観

産学が足並みそろえて若き女性に「お嫁さん」となることを押し付けている様子。そしてその「お嫁さん」輩出構造は、結婚せずに長く働く女性に牙をむく……。定年は女性だけが途方もなく早い。夫がいる女性は食い扶持に困らないからと、さっさと整理解雇されることが社則に盛り込まれている。果ては、未婚であっても若年期を過ぎた女性は整理解雇対象となる。現代に生きる女性はもちろん、男性からしても、昭和はこんなだったのかと胸が痛むのではありませんか。

図表3　**1989年の入試難易度**（偏差値）

法律・政治系

慶応	法・政治	69
早稲田	政経・政治	69
慶応	法・法律	68
早稲田	法	68
津田塾	学芸・国際関係	65
早稲田	教育・社会	65

経済・経営系

慶応	商	68
慶応	経済	67
早稲田	政治・経済	67
早稲田	商	66
津田塾	学芸・国際関係	65

外国文学・語学系

慶応	文	66
早稲田	一文	66
津田塾	文芸・英文	65
早稲田	教育・英語英文	65
東京女子	文理・英米文	64

※代々木ゼミナール発表数値より筆者作成

2．働き方は変わったが、意識と仕組みが取り残されたまま

戦前はわかりやすい女性差別がありましたが、戦後になるとそれは消え、代わりに「幸せな家庭像」としての性別役割分担が広まりました。ところが、バブル崩壊後、産業界では昭和型を維持することができなくなり、働く女性を希求し出します。そうして、「幸せな家庭像」が崩れていく中で、日本人の「心」は過去のままであり続け、そこに軋《きし》みが起こりました。

この流れについて、再び拙著『女子のキャリア』から引用して、説明することにします。

男性は大卒なら全員管理職になれた

日本の社会（ここでは「働き方」）は、少しずつですが、長い時間をかけて相当変わってき

ました。

ただ、働き方は変わっても、過去の働き方で育った人たちの気持ちや価値観は、（もうすでにつくられてしまったものなので）なかなか変わりません。同様に、過去につくられてしまった仕組みや関係なども、なかなか変更することは難しい。だから、そこにギャップが生まれてしまいます。

今の世の中でも、その昔につくられた仕組みが温存されて、軋みを起こしていることがよくあります。女性のキャリアを考えるうえでも参考となるので、今度は少し、この昔の仕組みと今の働き方の軋みについて、話をしていくことにしましょう。

ビジネス街の大きな会社では、女性は30歳までしか働けない。そんな状況でした。ではその当時の男の人は、どんな働き方をしていたのでしょうか？

こちらも、詳しく企業の中身をのぞいてみると、今とはずいぶん違う働き方をしていました。

今、大手の人気企業は高校の新卒者をホワイトカラーとしてあまり採用していません。大学卒業者ばかりが働いています。しかし、１９７０年代前半までは、こうした大手企業でも高卒でホワイトカラーの正社員を普通に雇用していました。彼らは本社の内勤部門や工場・営業所の事務などの仕事に就き、大卒者のサポート役として働くことが多かったようです。

そのころの日本は、まだ円高などどこ吹く風で、国内に多数の工場を持ち、そこでつくられた製品を世界各国に大量に輸出していました。そのため、地方の工場や営業所に行くと、これまた地元採用の高卒社員が多数います。そう、大手企業といえども、社内には高卒の社員が多数、働いていたのです。

逆に言うと、大卒はそれほど社内に多くはなく、少数のエリートであったともいえるでしょう。だから、そんな「エリート」の特権として、将来はほぼ全員が必ず管理職まで昇進でき、退職後は関連会社に天下りができたりもしました。

そう、今のように、誰もが大学に行く時代の大卒とは、大きく立場が異なったわけです。にもかかわらず、そんな昔にでき上ってしまった常識が抜けないから、今でも「大卒で総合職として採用されれば、みな管理職になれる」と思ってしまうところがあります。これなど、先ほど書きました「軋み」のわかりやすい事例と言えるでしょう。

昭和時代に存在したヒエラルキー

さて、当時の社内を少し荒っぽく説明すると、「大卒エリート」が一番上に陣取り、その下に「高卒ホワイトカラー」「高卒製造職」が位置し、そして一番下に「女性事務職」の人たちがいる、そんな構成となっていました。

今の人からすれば、大卒エリートは満足するかもしれないけれど、その下の人たちはなぜ文句を言わないか、と感じてしまうでしょう。

しかし、当時は当時でうまくできていたのです。

高卒で正社員として採用された男性たちには、まず、終身雇用という「安定」が用意されていました。また、昇進についても、細かく階層を区切りながら、最終的に課長一歩手前の「課長補佐」まで出世できるように設計されていました。しかも、著しく業績が素晴らしい好人物は、高卒でも抜擢されて部長や事業部長、少数ながら役員にまで上り詰める人がいたのです。

そんな感じで、「安定」「やや昇進」「時折抜擢」があったため、文句を言う人がなかなか出なかったと言えるでしょう（ただ、「課長補佐」で昇進が止まった多くの高卒者は、「結局俺は高校しか出ていないから」とよく不平不満を漏らしていた、と耳にします。彼らの学歴コンプレックスが、子どもたちに大学進学を勧める一つめの理由になったのではないでしょうか）。

熟年男性社員の年収は初任給の3・5倍

ここまで読んで、女性にはつくづく何もないと感じたのではないでしょうか？

まず、30歳で辞めることが前提だから、安定などありません。もちろん、昇進も抜擢もないでしょう。なのになぜ、女性たちはこの働き方に文句を言わなかったのか？

一つには、時代・社会がそれを許さなかったという部分があるでしょう。

もう一つ。人事や企業経営に詳しい人は、女性に特権的に与えられた権利が一つだけあったと、冗談半分ながら、語ります。

それは、「社内結婚」。

まだ当時は見合いでの縁組もそれなりにあったのですが、それでも戦後30年以上たって欧米文化が浸透していた時期でもあり、社内での恋愛結婚組も普通に生まれていました。

一番つらい立場にいた彼女たちは、エリートと恋に落ちて結ばれると、今度は専業主婦という特権を手に入れることができます。奥さんが専業主婦でも成り立つくらい、当時の熟年社員の給与は高かったのです。賃金構造基本統計調査という統計で計算してみると、大卒初任給を1としたとき、当時の大企業の熟年社員は3・5倍近い年収となっています。現在は2・7倍程度（図表4）なので、その高さがよくわかるでしょう。

入社数年に人生をかける

「家に入れば三食昼寝付きの上に、カカア天下で旦那は頭が上がらない」だから、女子事務職は、最終的には一番エラくなってしまう、などと揶揄する人もいたそうですが、これは言い過ぎだと思います。

彼女たちは、短期間しか会社勤めを知らず、頭脳明晰でも大学に通ったことがありません。そして、難関大学を出て総合職になった男性社員はエリートである、というかつての

図表4　**大卒男性の昇給カーブの変化**

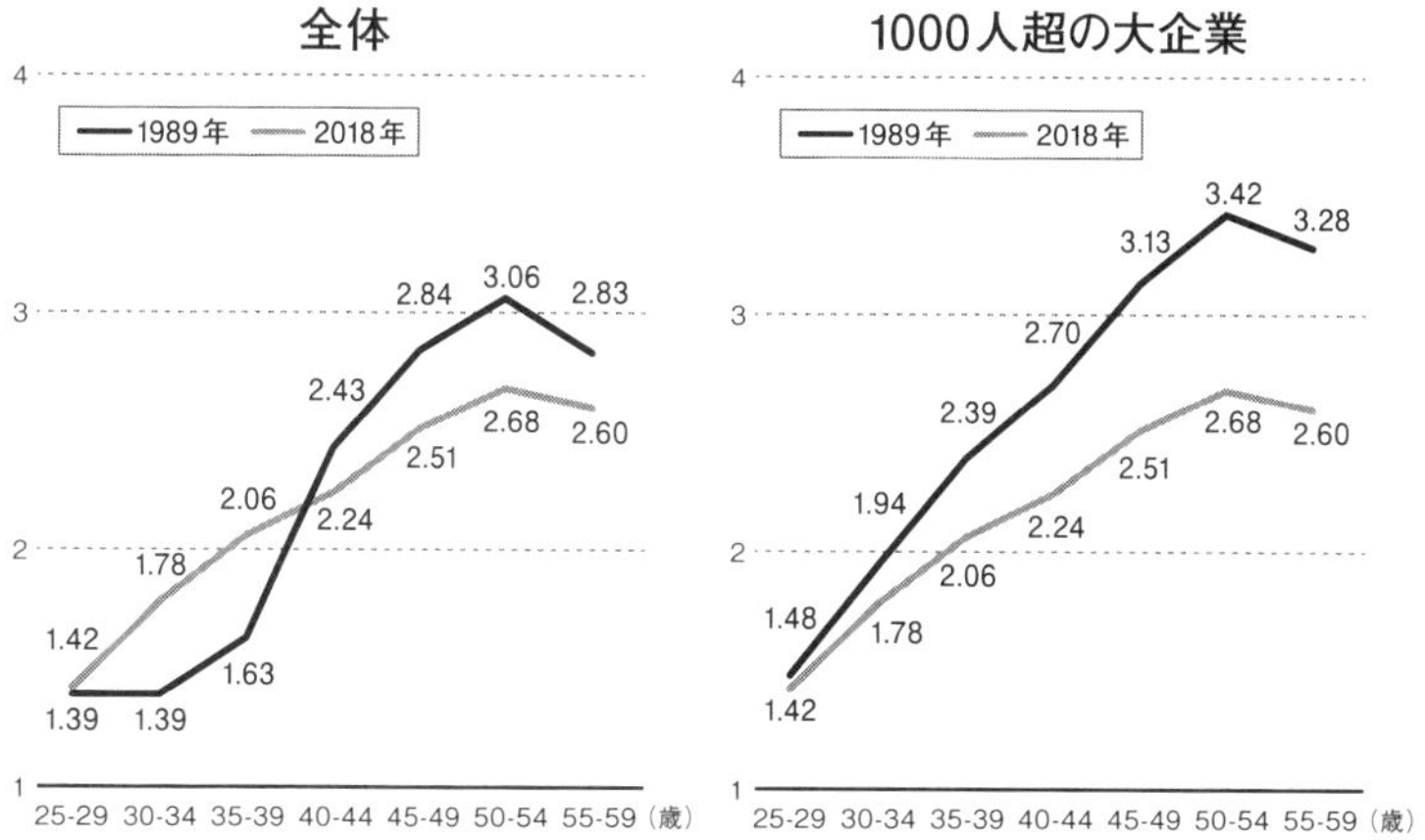

※「賃金構造基本統計調査」より筆者作成。大卒初任給を1としたときの昇給カーブ

常識を、その見返りで自らも専業主婦でいられたという成功体験で、自分の中に取り込んでいます。だからなのでしょう。彼女らは、自らの子どもたちに対しても、いい大学への進学を勧めます。これが、大学進学熱が高まった二つめの理由だと、私は思っています。

さて、こんな周辺状況を知ると、いよいよ「クリスマスケーキ」の意味も理解できるのではないでしょうか？

20代前半でいい男を見つければ吉、さもなくば凶。だからみな入社数年に人生をかけている――少しオーバーに書いたところもありますが、大体は正しい話です。正直に言えば、そのころの多くの女性は、キャリアというものを本気で考える余裕がなかったのでしょう。

OLモデルのあっけない幕切れ

こうした時代の大手企業では、女子事務職はともすれば、〝お嫁さん候補〟的な扱いでもあり、彼女らの仕事が軽んじられる傾向にありました。

今でも、時折規制に守られた競争の少ない大手企業に行くと、その当時のままの風景が垣間見られたりします。部長職以上には、専任職（部下のいない管理職）も含めて、一人に必ず一人秘書がつき、伝票の清算や出張の申請、切符の手配などを任せている、というような感じです。とはいえ、こんな〝部長の雑用係〟では、たいした仕事量にはなりません。そこで、彼女たちは手持ち無沙汰で一日中、ネットサーフィンに明け暮れている。冗談ではなく、そうした会社が今でもまだ時折見られるのです。

80年代だと、むしろこうした会社が普通で、女子にバリバリ仕事を任せるような会社こそ、希少でした。

女性は短大を出て、事務職として気楽に働き、結婚して退職。こんな働き方を、〝OLモデル〟と呼んだものです。これは、1985年に男女雇用機会均等法が制定されて、職種名称こそ事務職から一般職に代わってからも、あまり変化は見られませんでした。

このOLモデルに風雲急を告げるのが、1990年代です。たった数年で、女性の働き方は激変するのです。ただし、くどいようですが、働き方は変わっても、会社の仕組みや働く人の価値観・意識はなかなか変わらないために、このころより、連綿と「軋み」が続くことになります。

「短大卒→一般職コース」が採用削減の矛先に

さて、ではどうして急にOLモデルは壊れたのでしょうか?

答えは意外に簡単です。この時期にあった、経済的にとても大きな事件。そう、バブル崩壊です。1991年4月から、バブル景気は終わって経済は後退期に入りました。株式相場格言にもあるとおり、「山高ければ谷深し」で、この不況は体感的にとてつもなく激しく感じられたものです。

ただ、日本型雇用を長らく謳歌してきた当時の日本企業は、業績悪化したからといっても、いきなりリストラをするような野蛮な行動には出られませんでした。代わりに、余剰人員を減らしてスリムに経営改革するために、多くの企業は新規採用をストップし、定年退職による自然減員を待つことになります。

ということで、1990年代前半以降、のちにロスジェネ（1970~1982年生まれ）と呼ばれるほど厳しい就職状況となっていきました。試みに、最悪期だった1996年入社（95年採用）組の新卒求人数をみると、その数はわずか39万件。対して、リーマンショック後の最悪期である2011年入社のそれが58万件です。同じ絶不況でも、当時は今の

3分の2しか採用枠がなかったことがわかるでしょう。

こんな新卒採用難の時代に、真っ先に採用削減の矛先を向けられたのが、短大卒→一般職というコース。短大卒業者の就職率を見ると、バブル期とバブル崩壊後のコントラストがあまりにもくっきりしすぎていて、興味深いものです。

今度は「短大に行ったら就職ない」状況に

バブル時代の短大就職率（卒業者に占める就職した人の割合）は常に90％近くとなっています。少し就職事情に詳しい人がこの数字を見ると、異常なほどに高い、と感じるでしょう。なぜなら、卒業した人でも、四年制大学に入りなおす人もいるだろうし、当時なら調理や被服などの専門学校（花嫁学校）に通う人やそのまま家に入って家事手伝いの人も少なくないはずだし、少数ながら留学した人もいただろうし……。こうした「非就職希望者」はいつの時代だって1割程度はいたものです。にもかかわらず、就職率が9割近いということは、現実的には「ほぼ100％」だったと考えられる。だから、驚きの数字なのです。

対して、四年制大卒業者（主に男性）は今よりも3割以上も少なく、しかもバブルで景気は絶好調だったのに、それでも彼らの就職率は7割台にとどまっています。ここからも、当時の短卒の就職率の異様な高さはわかるでしょう。

「四大なんか行ったら就職なくなるよ」という裏側には、これほどまでの短大有利があり

図表5　**短大卒の就職率と進学率の関係**

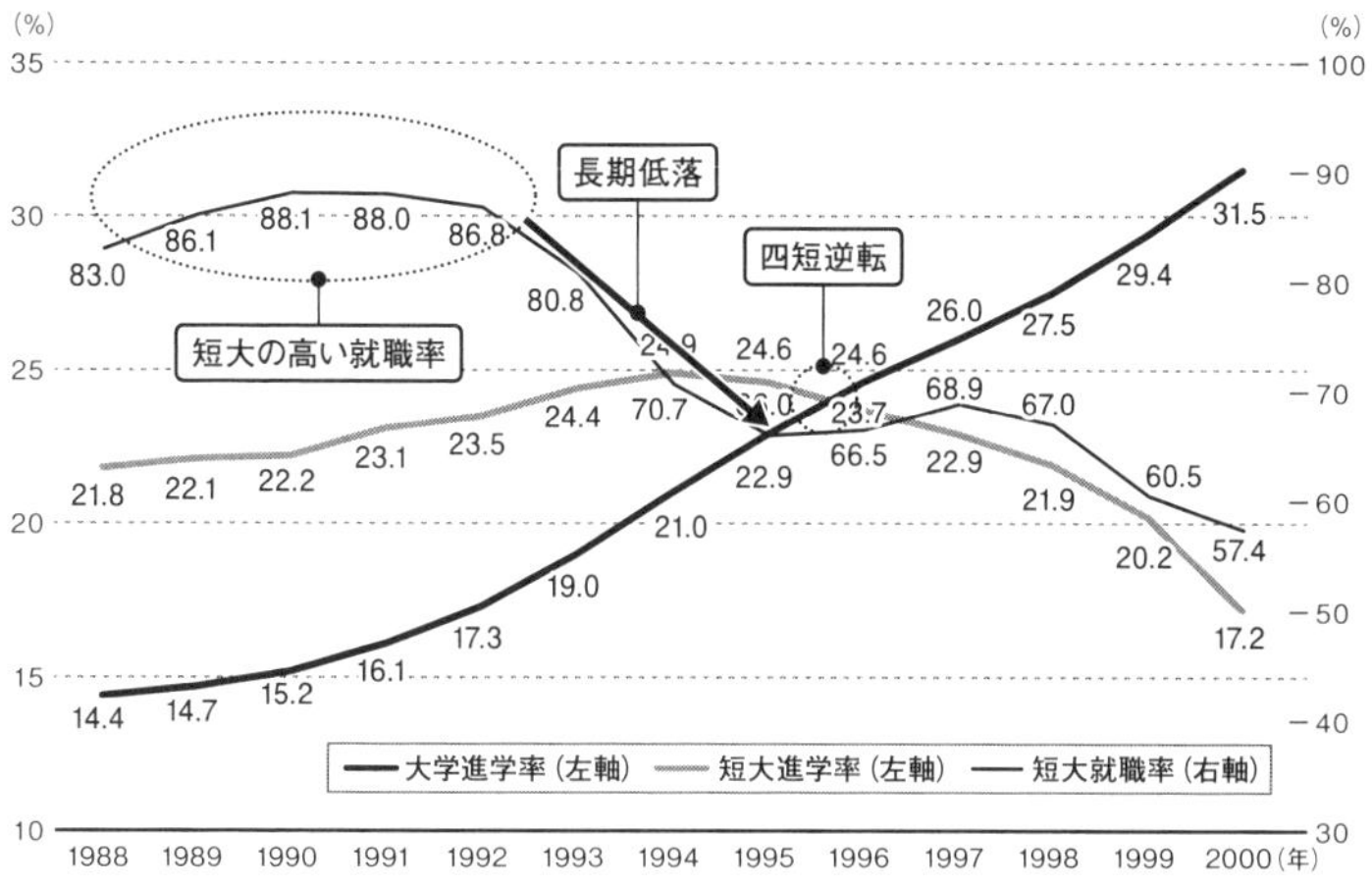

※文部科学省「学校基本調査」より筆者が作成

ました。ところが、景気低迷とともに、一般職採用がこれでもかというほどに削減され、当然、短大卒業者の就職率も、坂道を転がり落ちるような猛スピードで落下していきます。

一転して今度は、「短大を出たら就職ができない」になりました。景気悪化から2年遅れて、短大進学率も下降を始めます。こうして、OLモデルという生き方の終焉が始まりました。

90年代半ばには、緩やかな景気回復期が訪れ、四年制大学の新卒採用（＝総合職）については状況が一時的に改善します。ただ、短大卒の就職率の悪化はとどまるところを知りません。そのまま一気に2000年まで下降を続け、6割を切って57・4％まで下がりました。この間に、短大進学者は4割も減っているにもかかわらず、です。

企業はもう、多少業績が回復しても、かつての「部長秘書」のような働かない管理職を助長する仕組みを復活させはしなかったことが一つ目の理由に挙げられるでしょう。

一般職が潰えたもう一つの理由

そしてもう一つ、大きな理由が存在します。

90年代の中盤より、一般職の女子社員が、昇進や昇給などで不平等な扱いを受けている、と企業相手に訴訟を起こすケースが相次いだのです（住友グループ／1995年提訴、兼松／1995年提訴、野村証券／2002年提訴、昭和シェル石油／2004年提訴）。その結果、大手企業はしだいに、一般職という職制に対してマイナスイメージを持つようになりました。

そうして、事務職を雇う場合も、自社採用することに難色を示し、派遣社員（これは雇用しているのは派遣会社なので、待遇に差が出ても黙認される）に置き換えていったのです。

こんな流れで、90年代の終わりには、短大→一般職というかつての女子のメインストリームは完全に潰えていきました。

図表6　**非正規雇用比率**（2022年）

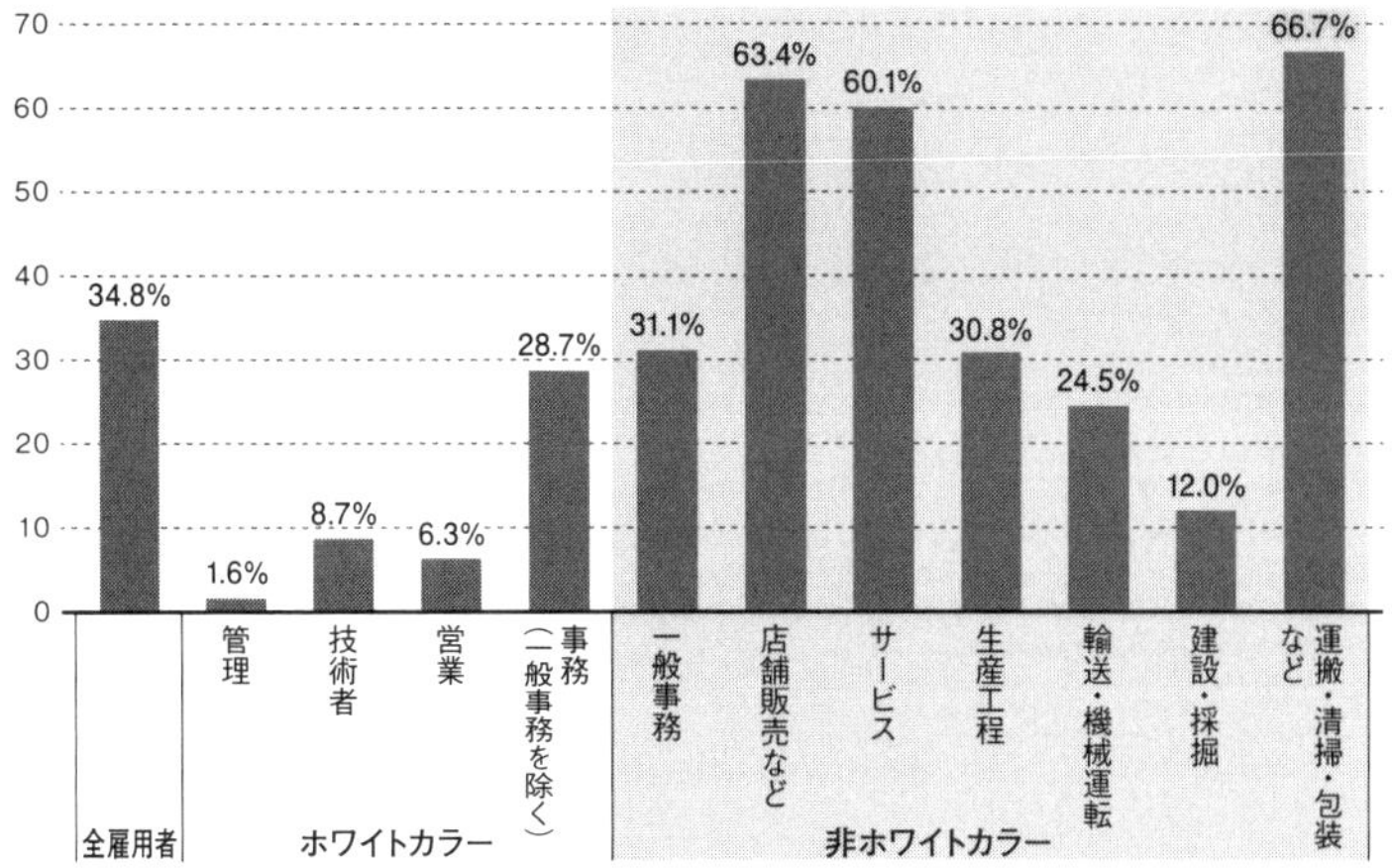

※「労働力調査」（2022年）より筆者作成

ホワイトカラー領域では長らく「昭和型」が残存し続けた

ここまでで、「昭和型社会構造」が、不況のため産業側から壊れだし、ほんの少々タイムラグを置いて、教育にまで波及していくのがわかったかと思います。

ではなぜ、この頃から「心」の部分は刷新されなかったのでしょうか。

日本の産業界の辿った道筋を大まかに辿れば、「日本型はダメージの少ない部分から切り捨てた」が「本丸については、微修正を加えたかたちで、何とか命脈を保ち続けたから」と言えるでしょう。

まず、説明したとおり、事務職女性社員（＝一般職）を切り捨て、非正規化しました。

続いて、製造・販売・サービス・運搬／清掃といった非ホワイトカラーを、非正規化していきます。90年代から2000年代初頭にかけて、非正規化が進んだことで、リーマンショック直前頃から、「貧困」「格差」問題が頭をもたげるのです。

ただ、そうした流れの中でも、ホワイトカラー職務に関しては、非正規化はそれほど進んでいません。今いる非正規も、その多くが、定年退職者の再雇用だったりするのです（図表5）。

つまり、日本型の本丸は「正社員」で保たれ続けることになります。

それでも、かつてほどの大盤振る舞いはできないから、課長になれる率は下がり、年功昇給も前述のとおり緩やかなものになりました。そうしたかたちで、マイルドに日本型を維持し続けたと言えるでしょう。

その結果、大学を出れば「給与は高く、偉くなれる」という幻想が、細々と現在まで残り続けるのです。それが、「昭和の心」を完全に刷新できない一つの理由でしょう。

3．社会が変わる節目

戦中だけの「束の間の女性進出」

日本と比べて欧米は、早くから開明的で女性活躍が進んでいたと思われがちですが、それは半分間違いです。第1章で書いたとおり、20世紀前半までは欧米でも男尊女卑や性別役割分担は、かなり根強く残っていました。

ただ、戦後にその差が大きく開いたことは確かです。

欧米も恋愛結婚をして核家族となるロマンティッククラブ路線を歩んだにもかかわらず、なぜ彼らは一足早く、男女平等化できたのでしょう。

その答えを説明するために、「社会を変化させるトリガー」について、説明しておきます。人々に染みわたっていた意識が薄れ始めるのは、えてして産業や経済、人口構成など、社会の主たる構成要因になんらかの変化が起きたときです。

日本が高度成長期に、男は外で働き女は家庭に入る性別役割分担を強めていた頃、欧米各国には変わらねばならない理由が続々と発生していました。そこで、差が開いたわけです。

欧米諸国で女性の社会進出は、20世紀以前にも何度か進んだことがありました。多くの場合、それは「戦争」による悪戯です。戦中は壮年期の男性が戦地に駆り出されることになります。当然、社会全体では労働力不足に陥る。そこで、銃後の女性たちが、男性に代わって働き出しました。

最初のうちは、職場に残る年輩男性から、お手並み拝見程度に見られていた女性たちが、しばらくすると立派に仕事をこなすようになります。長い戦争ともなれば、「女には無理」と思われていた重労働や建設にまで、女性が進出を果たしました。それでも男性たちは、女性労働のことを「ダイリューション(水割り)」などと揶揄して、自分らよりも技能も生産性も低いと溜飲を下げていたようです。

ただ、こうした女性の社会進出も、戦争が終わると萎んでいきます。復員した男性たちが職場に復帰し、また何事もなかったように彼らが生産活動を牛耳るという揺り戻しが、何度も起きていました。

北欧で起きた深刻な人手不足

第一次世界大戦の頃まで戦争のたびに起きた女性の「束の間の社会進出」が、第二次世界大戦後は、ちょっと様相が異なりました。最初にそれが現れたのが北欧諸国でした。

北欧諸国の場合、第二次世界大戦の被害をほとんど受けなかったことが一つ目の要因です。戦後にアメリカ主導のマーシャルプランで始まった復興には、北欧諸国の無傷な工場のフル稼働が必要でした。そこで北欧諸国は深刻な人手不足となります。これが「戦後まで女性の社会進出が続いた」大きな理由です。

北欧諸国は、国土がそこそこ広い割に人口は少ないので、工場周辺で労働者を募るのも大変だったのでしょう。近隣に住んでいるなら性別問わず働いてもらう、という流れになっていきます。

と同時に、北欧諸国は天然資源や観光資源に恵まれ、社会全体が豊かでもあり、古くから福祉国家として医療や介護が充実していました。社会活動が盛んになる中で高福祉を維持するためには、医療・福祉系のさらなる人材拡充が必要になります。そのことも女性の社会進出を後押ししました。こうして北欧ではいち早く、女性の社会進出が定着した、と考えられます。

加えてノルウェーでは、1970年代に北海油田が発見され、景気はさらに過熱して人手不足が高進します。同時に政府は、原油収入による税収増加で余裕資金も増えます。これで女性活用促進に公的な助成が施せることになり、クオータ制など大胆な女性活躍支援策が打たれました。

欧州では男性一人で家計を支えられなくなった

続いて、1950年代後半頃からアメリカに変化の兆しが現れます。こちらは酷すぎた人種差別が、社会の各所で歪みを生み出し、修正圧力が高まってきたことがその理由と言えるでしょう。結果、人種問題だけでなく、ジェンダーに関しても光が当てられ、60年代になるとウーマンリブも盛んになります。こうした差別撤廃に根差した公民権運動が労働をも大きく変えました。

当時のアメリカでは長期雇用は当たり前で、一つの工場に親子2世代が勤めるケースなども、まま見られる牧歌的な社会でした。そして、細かく区切られた職務等級をちょっとずつ上っていくというかたちで年功昇給も生まれます。その様はある面、日本型雇用の手本になったという研究者もいるほどです。ところが、この慣行は公民権運動の中では批判を浴びます。勤続が長いのは白人男性が多く、彼らがなべて高給で上位職であることが批判を浴び、是正対象となるのです。こうして、平等化と引き換えに、アメリカ型の不安定雇用が広まっていきました。

北欧やアメリカで女性活躍が進み始めた頃、フランスではまだナポレオン法典の残滓《ざんし》として、男尊女卑の風潮がかなり色濃く残っていました。女性たちは反発を強め、1968年の五月革命時、精神的・経済的・性的な自由を獲得するために声を上げます。そして、法的な結婚をしないカップル（ユニオン・リーブル）が、流行し始めます。結果、少子化がとても速いペースで進行しました。この点、フランスは日本の大先輩にあたります。そこで、危機感を抱いたフランス政府は、結婚しても働ける、子どもがいても働けるという「女性に多彩な選択肢」を用意する政策を行います。これが女性進出の流れをつくりました。

欧州全体では、60年代後半から80年代前半に変革が進みます。当時、欧州各国では産業が成熟化し、経済成長率が低下していました。そこに遅れて経済成長が始まった日本が猛烈な攻勢をかけます。ちょうど、2010年前後に日本が、中国や韓国の猛追で苦境に陥っていたのと相通じるところがあるでしょう。

低成長で賃金上昇がストップした欧州諸国では、男性が一人で家計を支えることが難しくなり、家計補助としての女性労働が広がります。こんな経済不調を軸にした女性の社会進出のケースとしては、オランダが例に挙げられるでしょう。

オランダは、ダッチ・モデルと呼ばれる独特な働き方をすることで有名です。短時間でも正社員となれて、完全な同一労働同一賃金で働ける仕組みです。これだと、夫婦ともに週休3日（勤務4日）で働いたとしても、二人合わせると週8日勤務のため、夫のみ5日働く場合より世帯収入は1・6倍にもなります。

なぜこうした働き方となったのか？　1980年代初頭、景気低迷に苦しんだオランダでは、労働者の権利を守りながら、雇用調整や労働移動がより行いやすい仕組みづくりについて、政労使で協議を重ねました。それが、労使の歴史的和解と呼ばれる「ワッセナー合意」として1

図表7　**欧米で女性の社会進出が進んだ背景**

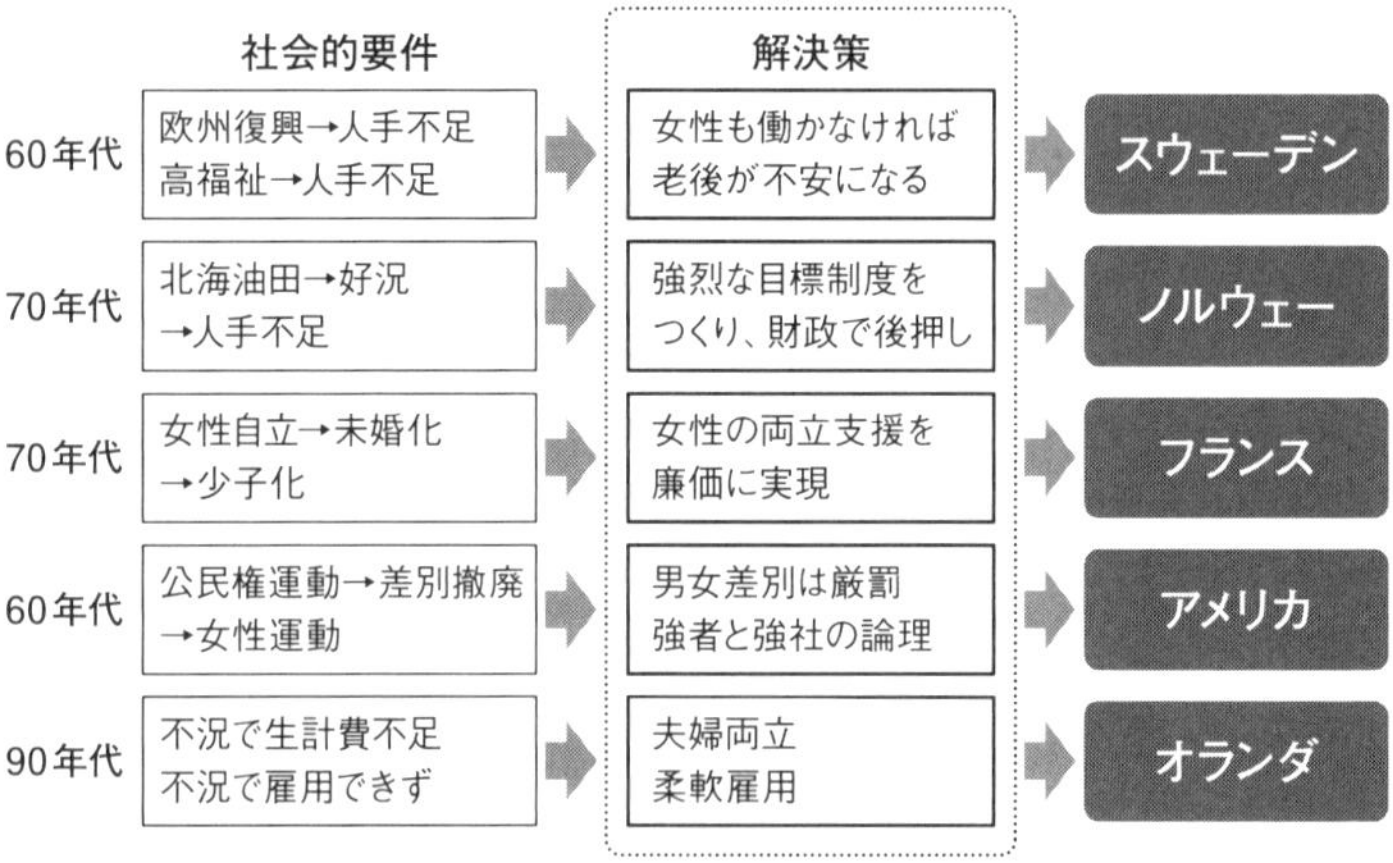

９８２年に結実します。これにより、給与・待遇ではまったく見劣りしない短時間正社員が誕生します。

当初、企業側は雇用者が増えると嫌がったのですが、じきに、「これは企業に有利」と気づきます。短時間正社員の組み合わせで土日も就業すれば、会社施設は週７日フル稼働できるから、このほうが効率的でしょう。

また、不況で誰かに自宅待機してもらう場合でも、フルタイマーの人よりも、短時間勤務者の組み合わせのほうが、お互い痛みも少なくなります。

一方、夫婦が別々に週休３日をとれば、最大週６日どちらかが家にいることもできる。さらに育児休暇や有給休暇を加えれば、毎日夫婦のどちらかが家にいることが可能になるでしょう。

結果どうでしょう。国は、保育園などの社会インフラにあまりお金を使わなくてすむ。つまり、国・企業・働く人、三方一両得となるわけです。だから、この働き方が浸透し、女性も社会進出しました。

女性の社会進出が招いた少子化のスパイラル

以上、欧米4カ国・地域でどのように女性の社会進出が進んだかを、振り返ってみました。それは、理念や啓蒙活動で変化が起きたというよりも、経済・産業・人口構成・差別などの社会的要因が起点となっています。

ひるがえって、日本の女性の社会進出を後押しした社会事情を見てみましょう。

バブル崩壊後、家計を支えるために、多くの主婦はパート労働に精を出すことになり、専業主婦は減りました。この部分は、かつてのオランダ（不況が出発点）に似ています。

同時期、企業は一般職女性社員の雇用を減らし、そこから「腰かけ＝OLモデル」が壊れていきます。OLモデルの崩壊は、女性の短大進学率を低減させ、代わって四年制大学進学率を押し上げます。結果、2000年代になると四大卒業女性が増え出しました。時代はすでに第二次ベビーブーム世代を通り越し、少子化（＝人手不足）期に差しかかっていたため、企業はこうした「高学歴女性」を男性同様、総合職として採用するようになっていきます。

これが女性の社会進出の第二幕です。こちらは欧米には先例がありませんが、やはり社会的な事情となるでしょう。

さて、四大進学率の上昇で、女性の修学年齢が2～4歳長くなり、そのうえに、腰かけではなくしっかり働くために、就労期間も延びることになりました。

結果、晩婚化が進みます。また、経済力をつけた女性は、独身を選ぶ可能性も高まります。

仮に、結婚して子どもを産んだとしても、手に入れたキャリアを捨てたくはないので、すぐに会社に復帰しようと、産むのは一人となっていく……。これらの要因が合わさり、少子化が昂進していくことになります。

少子化が進めば進むほど、人手不足は深刻化するため、産業界は「女性の就労」を強く求め始めます。そうして、彼女らが立派な産業戦士に育つと、企業は彼女らに辞められては困るようになる。その結果が、2010年代後半に起きた、急スピードでの女性活躍支援強化です。

現在、産業界にとって女性活躍は、人材補充施策の柱とも言えるでしょう。とすると、企業は有能な女性を手放しません。結果、少子化は深刻度を増す……。完全にスパイラルに陥っていると言えそうです。

この難しいパズルは、一筋縄では解けません。

だから、小手先の対策の積み重ねが、どれもうまくいかなかったのでしょう。

4．女性の社会進出は「量」から「質」に

2000年頃から女性の最終学歴は四大卒が主流に

1996年には女子高生の四大進学率が短大を上回る逆転現象が起こり（69ページの図表5参照）、ここから、女性の最終学歴も四大卒が主流になっていきます。彼女らが卒業して社会に出る2000年頃より、しだいに大手企業でも女性の総合職採用が増えだします。女性が群をなして総合職となるそのフロンティアは、2000～2005年あたりになるのです。

フロンティア女性たちは、男社会で数々の軋轢《あつれき》に晒《さら》されました。セクハラ、パワハラはその最たるものですが、それとは真逆の「過保護」や「隔離」などもまま見られたものです。女性社員は、営業や生産などの〝現場〟には出さず、本社内勤に留め置き、はれ物に触るように育てていく。男性からすると配慮しているつもりなのですが、女性は窮屈さを感じます。そうし

た状態で男性側は「女性って扱いづらい」と嘆き、女性は「わかってもらえない」と反発をする。なかなか難しい時代でした。

なぜ、営業や生産などのいわゆる利益を生み出す現場に、女性を出せなかったのでしょうか。

その理由は、こうした「現場」が荒々しい男社会のルールでできていたからに他なりません。本当なら、そんな「現場の荒々しさ」を取り除くことのほうが重要でしょう。そのことに気づき、大企業を中心にようやく男社会のルールが変わりだすのが、2010年代後半くらい。

ではなぜそうした変化が起きたのでしょう。

その原動力は、やはり「女性総合職の数」でした。

新卒採用で女性が増えだした当初、彼女たちは4R（人事＝HR、経理＝IR、広報＝PR、顧客対応＝CR）に配属が寄せられていました。が、その数が増えれば、しだいに4Rで女性を受け入れきれなくなります。

そこで、男性社会に順応しやすいキャラクターの女性（俗に〝姉御肌《あねご》〟〝肉食系〟）などから、現場への配属が始まり、2010年代には各部署で女性比率が上昇し始めました。

こうして各所で経験を積んだ女性が増えていくと、彼女らに後輩の新人女性の教育を任せることが可能となります。そうして女性比率がスムーズに上がるようになっていく。

するとどうでしょう。男社会では「当たり前」と見過ごされたセクハラ・パワハラも、迂闊《うかつ》に見過ごせなくなっていく……。「荒々しい風習」も変わらざるをえなくなるのです。

本当にここ数年で、働く風景は大きく変わりました。コロナ禍でのリモートワークやＤＸ（デジタル・トランスフォーメーション）が進んだことも一因ですが、それ以上に女性の社会進出が、かつての日本企業の宿痾《しゅくあ》を取り除いているのです。

10年前までごく普通に見られた発言・行動が、今では厳しく問われています。

たとえば、２０２１年２月には、元首相であり、五輪・パラリンピック組織委員会会長だった森喜朗氏の「女性は話が長い」発言が炎上し、辞任に追い込まれました。

森氏は２００７年には、新幹線の栗東駅新設に同意しない滋賀県の嘉田由紀子知事（当時）を「女の人だなぁ、了見が狭い」と揶揄しています。当時もそれは話題になりましたが、氏が公職を追われることなどありませんでした。その異常さに社会は気づかなかったのです。

大卒正社員に占める女性が３割に近づき、「男の論理」が退潮

その昔、社員が子どもの卒業式に会社を休んで出席することなど許されはしませんでしたが、今ではそれも当たり前になりつつあります。授業参観も、かつては会社が休みの土日に行うものでしたが、昨今では平日に自由参観できたり、給食を一緒に食べたりできるようになってきました。

そう、産業界に根付いていた旧弊が、取り除かれつつあります。その背景にも、やはり女性

社員の増加があると言えるでしょう。

正社員が男ばかりだった時代なら、学校行事は妻に任せっきりですんだものです。ところが、子育て世代でも夫婦共働きが普通になると、学校行事も夫婦で分担しなければなりません（このあたりは39ページの「アグネス論争」と見比べてほしいところです）。

結果、社員が休んで子どもの行事に出ることが、しだいに当たり前になっていきました。

試みに、2022年の大企業（従業員数1000人以上）の大卒正社員に占める女性比率を見ると、30代前半で36・2％、後半でも31・2％となっています。ちなみに同じ数字を、平成元（1989）年で見ると、30代前半で5・1％、後半で2・4％でした（1989年の数字には一般職が多数含まれます。総合職に限ればさらに少ないでしょう）。

ハーバード・ビジネス・スクールのロザベス・モス・カンター教授（社会学者）は、「ある集団でマイノリティが3割を占めるようになると、その集団は大きく変化する」と語っています。2010年代後半とは、まさに、産業界に染み付いた「男の論理」が、退潮せざるをえない時期だったのでしょう。

図表8　**企業の規模別の大卒正社員に占める女性比率**

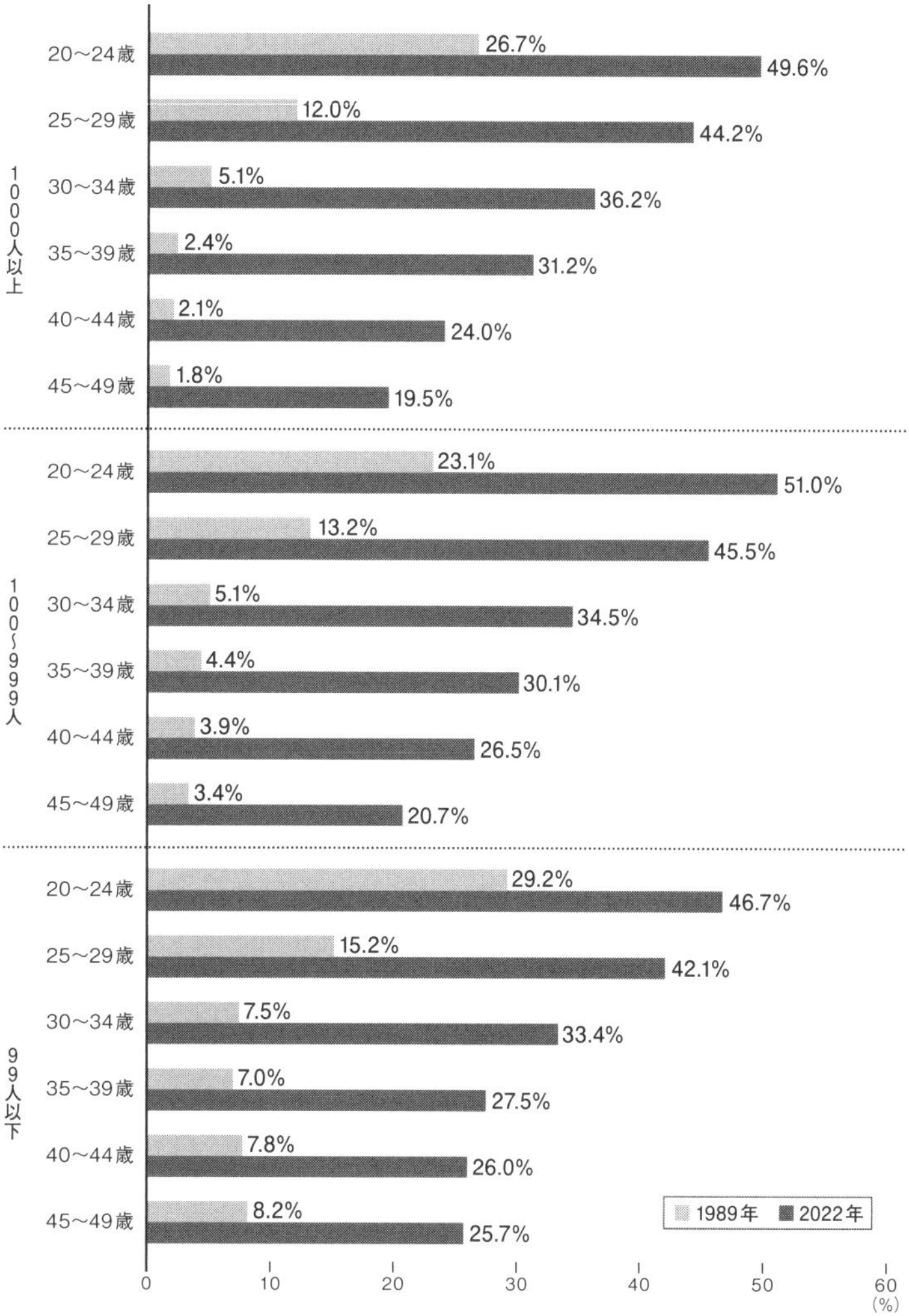

※「賃金構造基本統計調査」（厚生労働省）の当該サンプル数をもとに筆者作成

学力と経済力を持った女性は「自立」を選んだ

90年代に「お嫁さんとして生きていく」という女性のライフコースが綻び始め、2000年代以降、音を立てて崩れてきた様子を、いくつかのデータで示してみましょう。

まず、大企業（従業員1000人以上）の大学新卒者採用に占める女性の割合です。雇用動向調査（厚生労働省）でその状況を振り返ると、かつては、企業規模が大きくなるにつれて、四大卒女性の新卒採用比率が下がるという「逆相関」が見て取れました。当時、「総合職は大卒男性、一般職は短卒女性」という暗黙の了解を大企業は持っており、四大卒女性はほとんど採用されなかったことがよくわかります（図表9）。

こうして、優秀な男子学生は根こそぎ大企業が採用してしまうため、規模の小さい企業は女性を採るしかありません。だから、旧来は中小企業のほうが女性採用割合が高かったのです。

それが、2000年代に入ると、大企業が大好きな偏差値ランクの高い大学卒の女性が増えてきました。そうすると、男ばかりに絞っていると、難関大学卒の学生を採用できなくなります。大企業は、「ランクを下げて男性にこだわるか」「女性でも高学歴者を採るか」という苦渋の選択を迫られました。結果、後者を選ぶ企業が徐々に増え、それが女性フロンティアをつくり出していくのです。

ただ、図表9を見ると2000年頃から大企業でも大学新卒者の3～4割を女性が占めるよ

図表9 大学新卒採用に占める女性割合

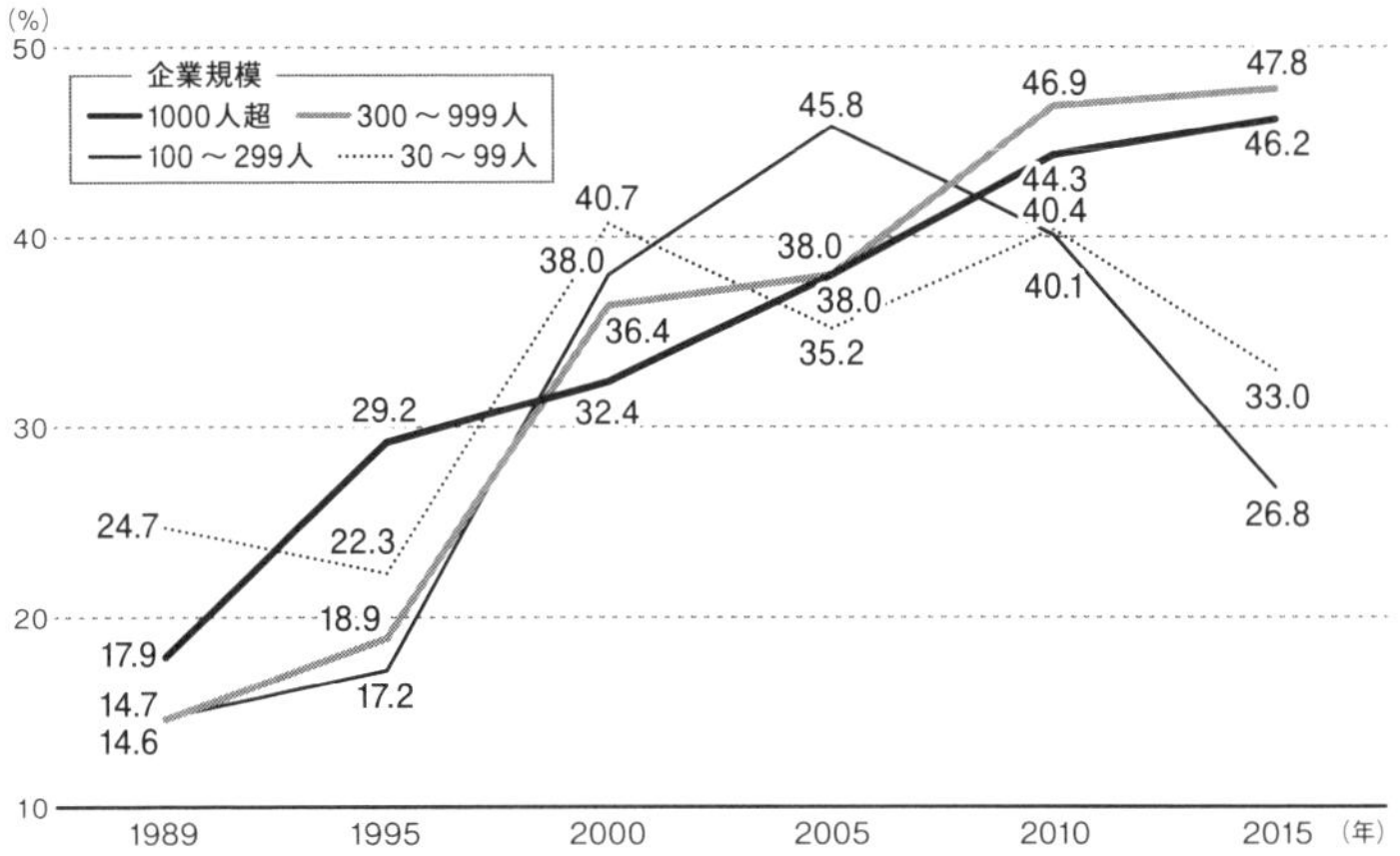

出典：厚生労働省「雇用動向調査」

うになっていますが、この数字は少し上振れしているでしょう。90年代の大卒女性採用の多くが一般職であり、2000～2005年頃まではその残滓もあったと思われるので、大卒女性採用の半分弱は一般職だったのではないか、というのが私の見立てです。総合職に限れば、割合は半減するはずです。

女性係長が急激に増加

とはいえ、一定数、女性の新卒総合職採用が、男性社会に定着していきます。

そして、彼女らが通りすぎたあとに、「女性活躍」の轍《わだち》が残りました。それは、「係長に占める女性割合」というデータがよく物語っています。

なぜ、課長ではなく、係長なのか？

理由は簡単です。係長の場合、大企業でも30代前半でその職に就くケースが多いでしょう。とすると、女性のトップランナーがこの年代に差しかかるあたりで、「男女比率」に変化が生まれ始めます。

対して課長の新任年齢は40歳前後なので、なかなかその変化が見えません。さらに言うと、係長はその多くが「課長」や「専任職」などに昇格して通りすぎていく役職です。なので、高齢まで滞留している人が多くはありません。だから、30代前半に女性のボリュームゾーンが差しかかる時期に、男女割合が変化しやすいのです。

対して、課長職は役職定年の55歳までその多くが継職します。そのため、入り口で女性が増えても、年配男性課長が多数いるために、シェアの変化が見て取りにくいと言えるでしょう。

実際、係長職に占める女性比率は、2010年から2015年に急増しています（図表10）。

このフロンティア女性たちが、30代に差しかかる2010年すぎに、大企業はいよいよ女性問題に頭を悩ませ始めました。短大卒一般職であれば、企業は育成や人員補充が容易に可能なため、彼女らの結婚・出産退職を止めはしませんでした。むしろ、「新たなお嫁さん候補確保」や「未婚男性のモチベーションアップ」のため、進んで入れ替えを望んだものです。

それが、育成に手間がかかる総合職だと話は別です。10年ほど経験を積んで、バリバリ働く年代の彼女らが家事育児で辞めてしまったら、なかなか補充は利きません。また仮に、結婚・出産退職する女性が多いようだと、キャリア指向の強い女子大生に振り向いてもらえなくもな

図表10　**係長に占める女性比率**

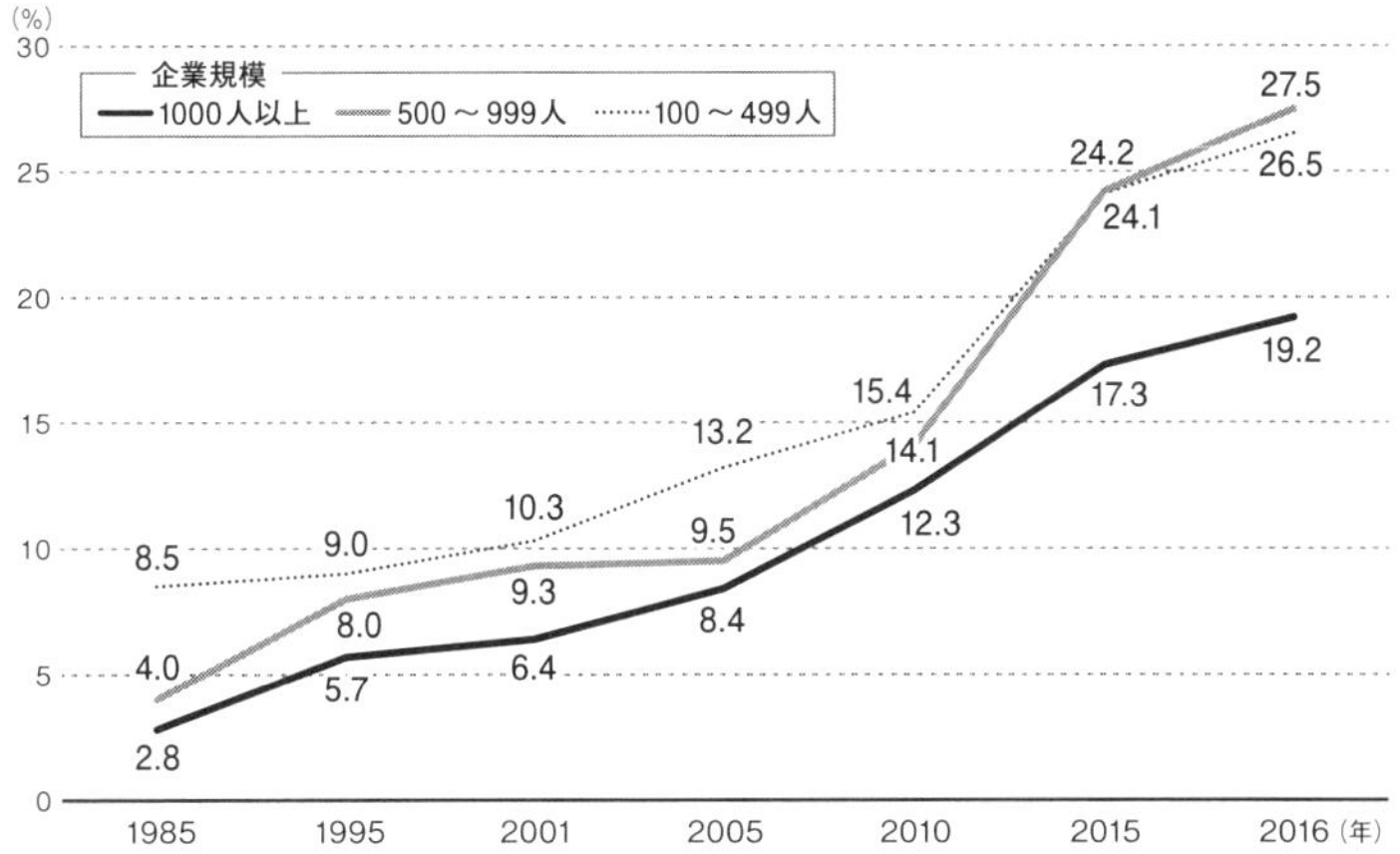

出典：厚生労働省「賃金構造基本統計調査」

ります。どちらも経営にとっては大きな痛手に他なりません。

だから、この頃から女性活躍の機運が頭をもたげるのです。ただ、企業側も不慣れで、出産後に短時間復職した女性社員に、単調でつまらない仕事を任せたりしたため呆れて辞めてしまうようなケースや、周囲の女性社員にそのしわ寄せがいくなど、問題が山積した時期でもありました。

新任課長の女性割合は3割に迫る

そんな曲折を経て、2010年代後半になると、企業もだいぶ復職女性の扱いにも慣れてきます。職務難易度は変えず、仕事量のみ減らし、査定評価も差をつけないような、人事制度をつくり上げていくのです。同時に、男性の育休取

図表11　**結婚、出産における就業継続の割合**（女性）

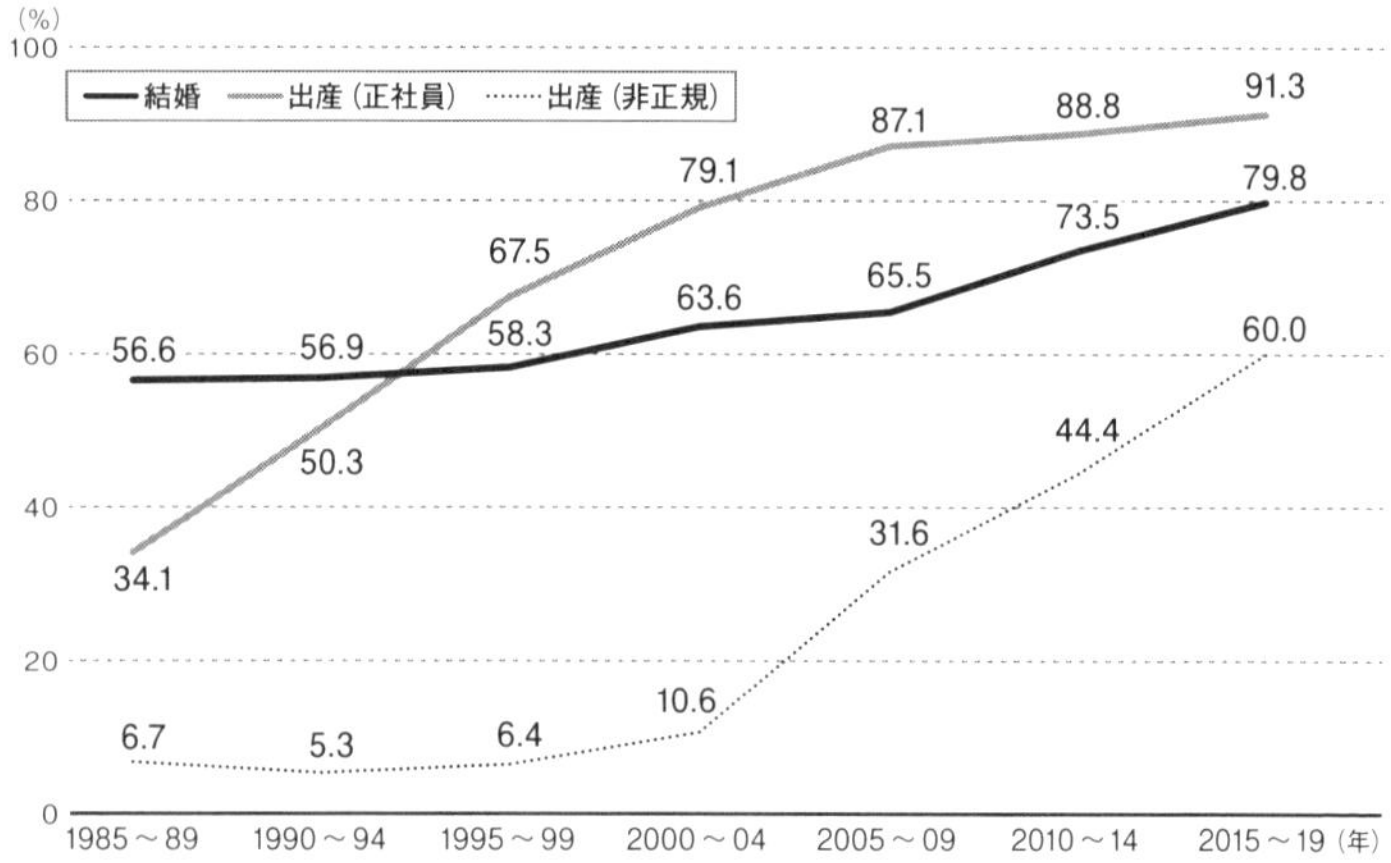

※「出生動向基本調査」より筆者作成

得やイクメン活動の奨励なども遅まきながらようやく始まります。

こんなお膳立てができたところで、安倍政権が「女性活躍」の旗振りをしたために、この語は世に浸透したのです。

そうして女性社員たちは、結婚しても出産しても、働き続けるようになりました（図表11）。

結果、今では、大企業でも30代後半までは女性のプレゼンスが3割を超えています（85ページの図表8を参照ください）。と同時に、新任課長職に占める女性割合も、3割近くにまでなっています。課長に占める女性割合が、10％程度で遅々として向上しないのは、50歳前後のロートル男性課長が大量に居残っているためです。新任に限れば、すでに女性は十分に活躍を始めている。このままあと10年た

図表12　**大企業の課長在職年数別の女性比率**

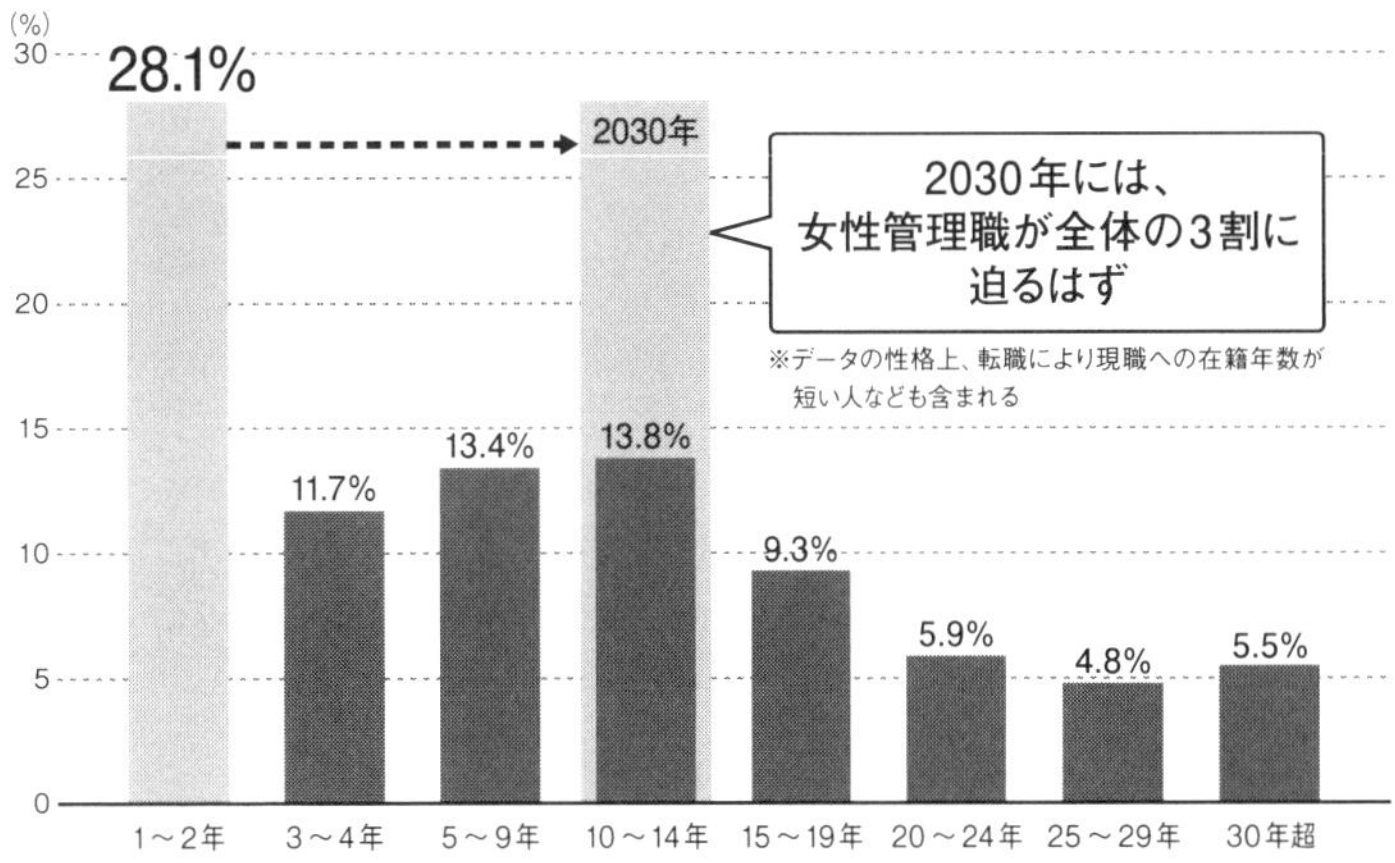

※「賃金構造基本統計調査」(2020年)の役職別勤続年数より筆者作成

てば、女性課長のボリュームゾーンは50歳に到達します。部長の初任年齢は45～50歳がボリュームゾーンだから、その頃には、部長に占める女性プレゼンスも当然高まっているでしょう(図表12)。

近い将来、女性の非正規就労数と正社員数の逆転が起きる

1990年代に、家計補助のために主婦がパートに出るかたちで始まった「女性の社会進出」は、その後、女性の大卒総合職の増加が第二幕となり、昨今は「辞めずに勤続して昇給昇格」という第三幕に至っています。それでもまだ、条件の悪い仕事に就く女性は多いのですが、女性の労働は、着実に「量から質」へと転換しています。

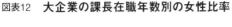

図表13　**女性の正規社員数と非正規社員数の推移**

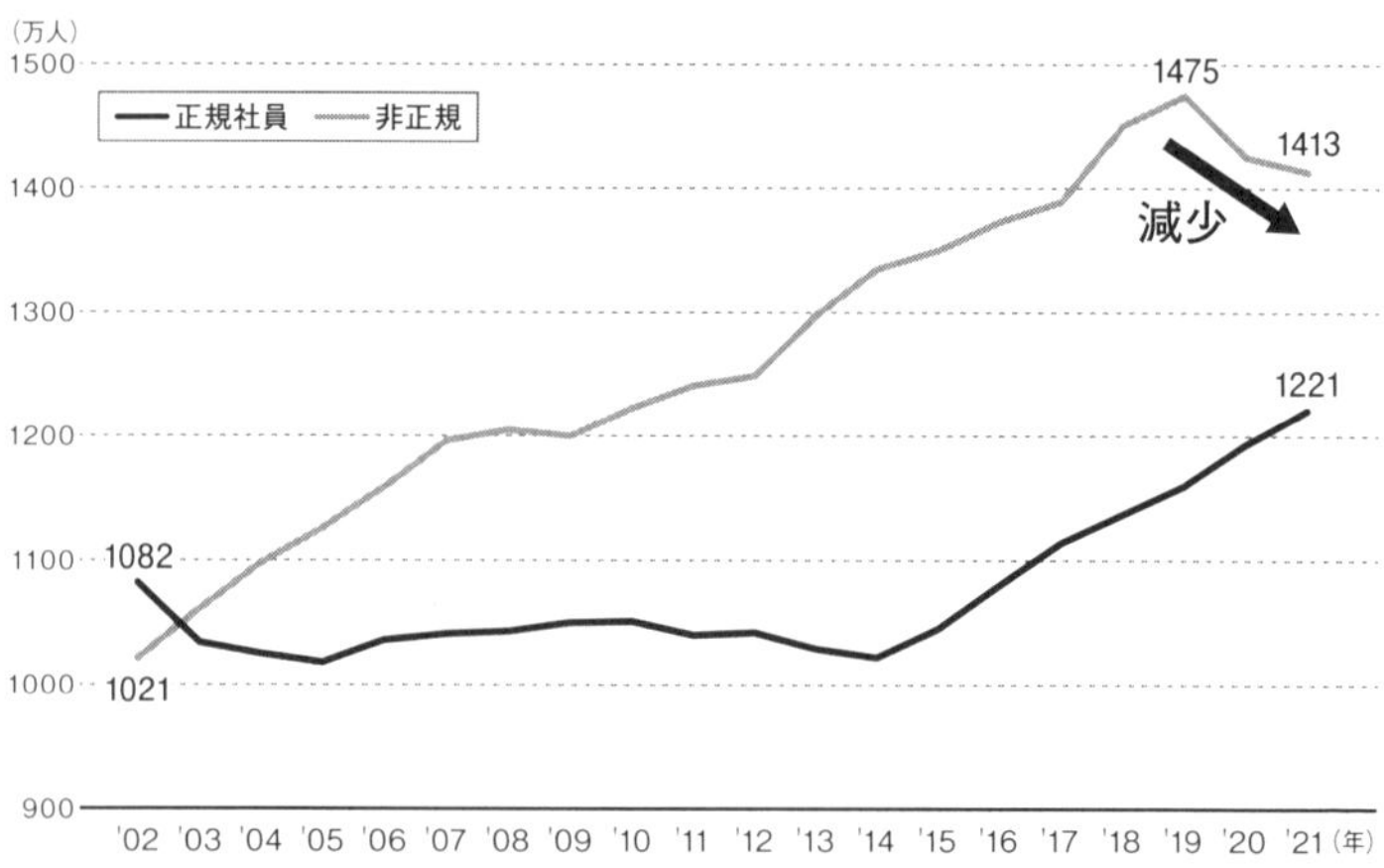

※総務省「労働力調査」詳細集計をもとに筆者作成

そのことを示すデータを最後に一つお見せしましょう。

図表13は、女性の就業者数を雇用形態別に見たものです。長らく、主婦パートや派遣・契約社員の事務職などに押し込められ、働く人の数は増えどもその多くが非正規という状態だった女性の就労が、昨今は様相を異にしてきたのです。それが２０１４年以降、正社員の数は海《え》老《び》反《ぞ》るようにぐんぐん増え続け、一方、非正規は２０１９年から減少に転じています。近い将来、正規・非正規の逆転が起きるでしょう。

閉じ込められ続けてきた女性が、いよいよ羽ばたく時代が目の前に迫っているのです。

ところが、です。どうも、こうした現実を受け止められず、「我が国はまったく変わっていない」と言いすぎるきらいが今の日本にはあります。

女性活躍について、日本が欧米よりも遅れているのは確かであり、変化のスピードが遅いのも事実です。だから、「まったく変わっていない」と、ついそう言いたくなる気持ちもわからなくはありませんが、こうした表現を軽々しく使ってほしくありませんし、使うべきではないと思っています。

わずか20年歴史を遡っただけでも、日本は今と比べものにならないほど男社会でした。その中で、フロンティア女性たちは想像もつかないほどつらい思いをしてきたのです。そうして勝ち取った現在の果実を見落とすのは、彼女たちに失礼でしょう。

彼女らのがんばりのおかげで「女性の活躍がなければ会社は立ちゆかない」という意識が生まれ、男社会が徐々に壊れてきた。この期《ご》におよんで「日本社会は全然変わっていない」と言うのは、大変な思いで戦ってきた先輩女性たちのがんばりを正当に評価しないことになると思うのです。

5.ようやく家庭にも令和の風が吹く

社会が女性に働くことを要望した結果

1980年代から女性のライフサイクルの変化を振り返ると、以下のような流れになることがわかりました。

不況→短卒一般職採用の減少→女性の四大進学率上昇→女性総合職採用の増加→勤続の長期化→年収・地位の向上。

端的に言えば、不況と少子化により、女性は「お嫁さん」になることよりも、「働くこと」を社会から要望されるようになり、それに応えた結果、企業は彼女らを手放せなくなった。そして、仕事のルールや働き方も刷新せざるをえなくなった、ということでしょう。

こうした「お嫁さん」から「女性も働く」への社会の変化は、人々の「心」もそれに適した

図表14　**女性はいつまで働くべきか**

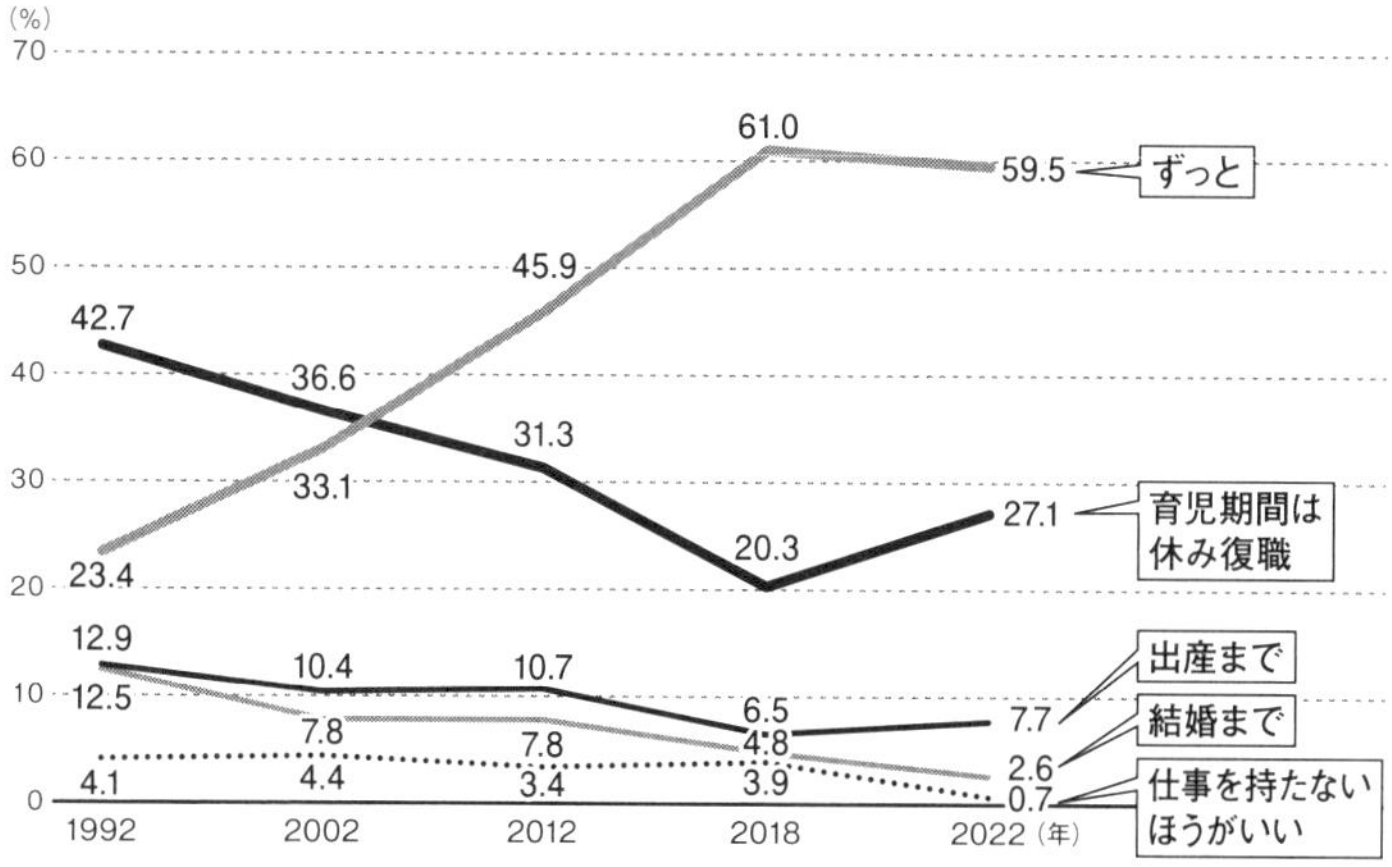

※「出生動向基本調査」をもとに筆者作成

方向へと驚くほど変えていきます。それをデータで振り返ることにしましょう。

「女は働くべきでない」は、もはや0・7%

まず、「女性はずっと働き続ける」ということが、すでに社会的コンセンサスとなっている状況を見てみましょう。図表14は、出生動向基本調査から、女性の労働についてどうあるべきか、を示したものです。

1992年の時点では、「結婚まで」「出産まで」「仕事を持たないほうがいい」の合計が29・5%で、「育児期間は休み復職」を抜いてマジョリティとなっていました。まさに、「昭和」を感じさせるでしょう。しかし、この3意見は急速に退潮し、2002年には「育児期間は休み復職」が僅差でトップになっています。

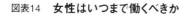

その後、「ずっと働くべき」が急増し、2012年に45・9%で最多に、2018年には61%にもなり、そのまま6割前後で推移しています。世の中の圧倒的多数が「女性はずっと働くべき」と考えており、これに「育児期間は休み復職」という意見を加えると、おおよそ9割にもなります。

一方、「仕事を持たないほうがいい」は2022年にはわずか0・7%で、もはや絶滅危惧種、「結婚まで」も2・6%であり、寿退社（結婚退職）などという言葉は死語同然になっています。

そう、女性が一生働くという社会的合意がなされたと言えるでしょう。

揺り戻しを超え、性別役割分担の否定も大勢に

出生動向基本調査では、「男性は外で仕事をし、女性は家庭を守るべきか否か」という質問を、長年にわたり聞いています。このような性別役割分担意識は、欧米先進国ではとうの昔に少数派となり、お隣韓国でも20年も前から否定されています。そうした中、日本だけは近年まで賛成派が大勢を占め続けていました。

この性別役割分担について、初めて否定派が半数を超えるのが2007年のこと（52・1%）。2009年にはさらに否定派が55・1%まで増えるのですが、それ以降、反動があり、201

図表15　「夫は外で働き、妻は家庭を守るべき」という考え方への賛否

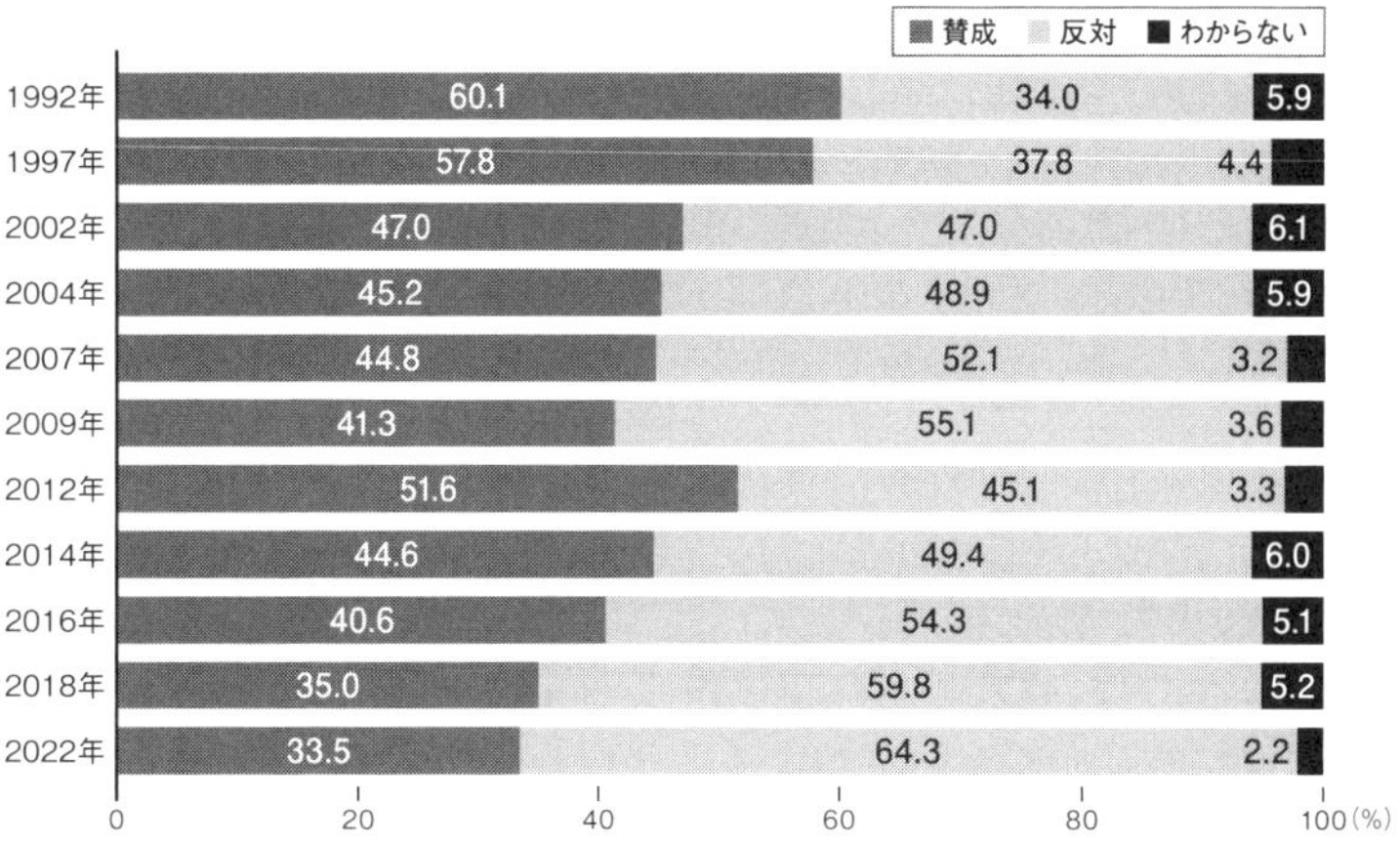

※「出生動向基本調査」をもとに筆者作成

2年調査では再び5割割れとなっています。

なぜこんな揺り戻しが起きたのか。企業内人事に詳しい人はよくわかるでしょう。2000年より四大卒の女性総合職が増えだしたのですが、それは、なんの準備も整わない中で、男社会にいきなり女性を放り込んだに他なりません。彼女らが出産適齢期になる頃に、そのひずみが訪れたわけです。

子どもができるまでは、なんとか男社会に合わせて働いたフロンティア女性たちも、出産により育休や短時間勤務を余儀なくされます。結果は、惨憺《さんたん》たるものでした。

まず、彼女らの休業・時短分の仕事が周囲の人たちへとしわ寄せされます。それで、非難が沸き起こりました。そのバッシングに耐えられなくなって、多数の出産復職女性が退職してしまいます。また、当時の短時間復職は、バリキ

ャリ女性に対して、単純なルーティンを押し付けるというような無理筋のものも少なくありません。それでもまた、心折れる女性がいました。

周囲の批判に加えて、せっかく復帰コースを用意したのに辞めてしまう彼女らへの失望が重なり、会社の中で、「女性」に対してよからぬ雰囲気が醸成されていきます。２０１２年の調査で、「男は外に、女性は家庭で」への支持が逆転した理由はこのあたりにあるのでしょう。

共働きの価値観は盤石なものとして定着

こうした状態では、早晩、脂の乗ったバリキャリ総合職女性たちはこと切れてしまう。それでは経営が成り立たない……。企業の「女性活躍推進」が進みだすのは、そんな焦りがあったからでしょう。

それが、女性の働きやすい環境づくりや、男性のイクメン化などの施策へとつながります。その後、急速に「男性は外、女性は家庭」という意識は退潮し、否定派はたった10年で20ポイント近くも伸びました。

直近の22年では、否定派が64・３%と圧倒的多数となっており、ようやく先進国の最末端あたりにこぎつけました。国際的にはまだまだな水準ですが、それでも、２０１２年のような反動が起きる脆弱さは見られません。

長年、この数字を見続けた私からすると、「ようこそここまで」と感慨無量です。女性が働くことが当たり前となり、そして会社の理解も進んでいくことにより、結婚・出産での就業継続率は急上昇を見せます。直近であれば、結婚しても仕事を続ける人が79・8％。出産しても仕事を続ける人が正社員は91・3％となっています（90ページ図表11）。特筆すべきは、非正規の出産後の就業継続率で、こちらも直近だと60％と急上昇を見せています。この数字は今後さらに伸びそうです。

いかがですか？

「女性はずっと働くべきだ」という意見が社会的合意となる中で、当の女性たちはそれにしっかり応え続け、結婚しても出産しても働きぬく姿勢を示しているのです。

妻が見た夫像さえ「ひんぱんに家事をしている」

さて、こうした社会・会社の変化に対して、家庭内はどうだったでしょうか？

もし、まったく変わらず昭和のままなら、「働け」「産め」「家事をしろ」で、女性は燃え尽きてしまいますよね。そんな無理な状態から、家庭も遅ればせながら、少しずつ、かつ、近年急速に変わりつつあるようです。

出生動向基本調査からつくった次ページの図表16と17をご覧ください。

図表16　夫の家事支援

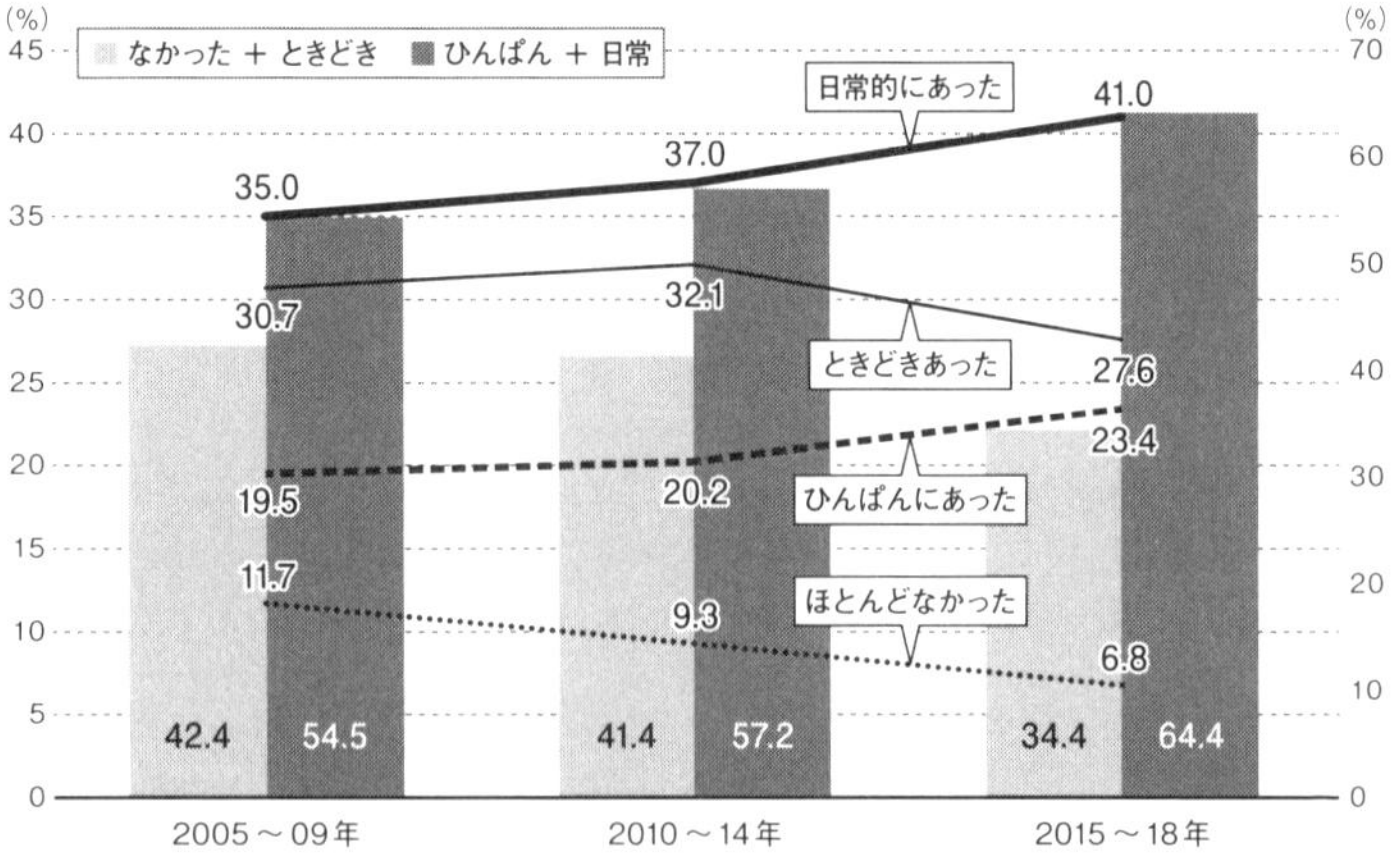

図表17　夫の育児支援

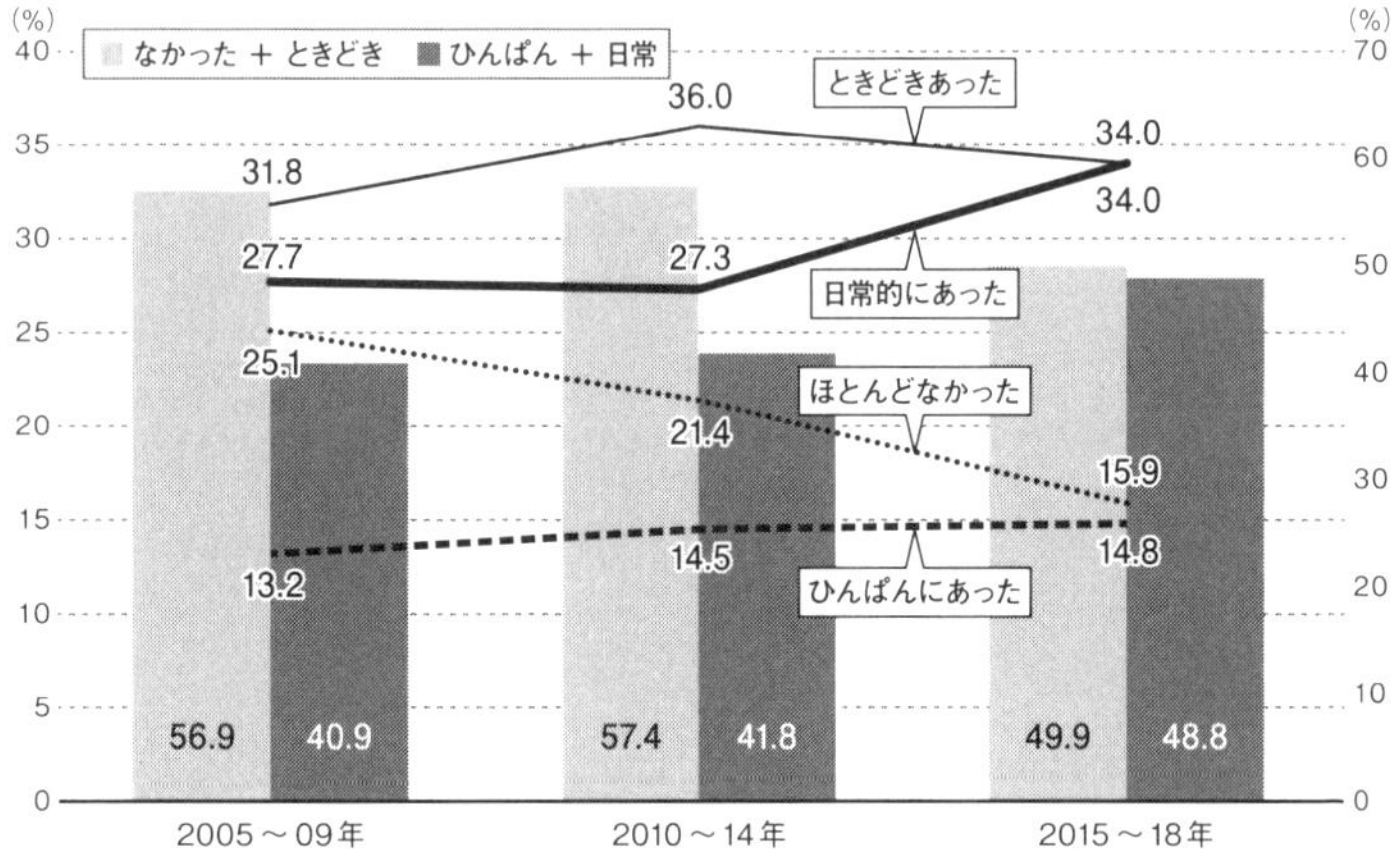

※「出生動向基本調査」をもとに筆者作成

図表18　**育児共働き世帯の夫の家事・育児時間**

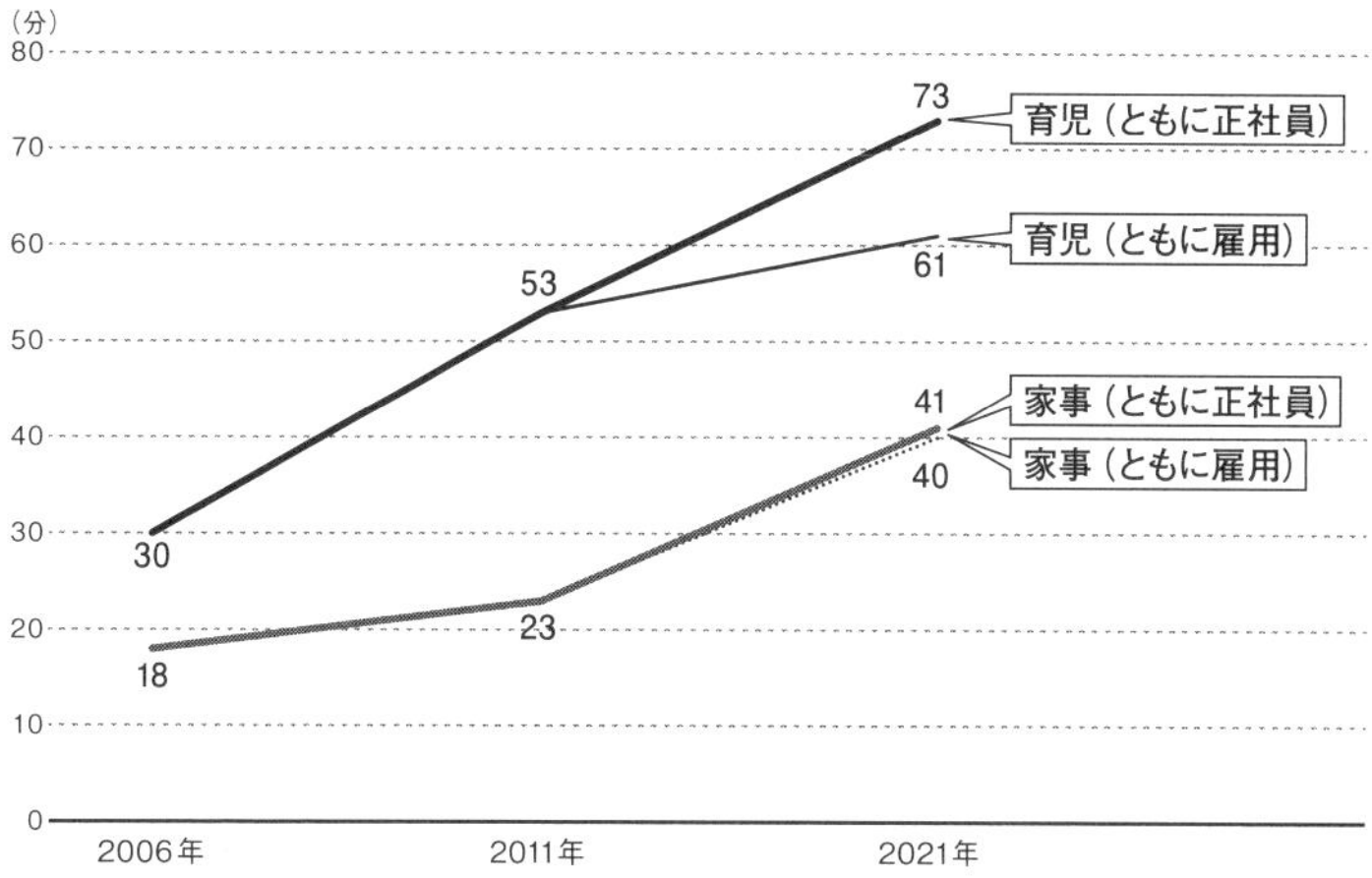

※「出生動向基本調査」をもとに筆者作成

これは、既婚女性に聞いた自分の夫の家事育児支援状態です。

直近では、夫の支援が「日常的にあった」が、家事41%、育児34%でトップ。これに「ひんぱんにあった」が、家事23・4%、育児14・8%で、両方加えると、普通に支援してくれる夫が、家事では6割強、育児でも約半数となっています。

続いて、こうした体感値ではなく、実際にどのくらいの時間、夫は家事・育児を手伝ってくれているか数字で確かめてみましょう（図表18）。

こちらも、出生動向基本調査からつくった図となります。

ここでは共働きでなおかつ6歳未満の乳幼児がいる家庭を調べました。データは「（夫婦）ともに正社員」と「ともに雇用」と二つあります。後者には、妻がパートタイマーやアルバイトな

図表19　夫の家事・育児時間（乳幼児のいる家庭）

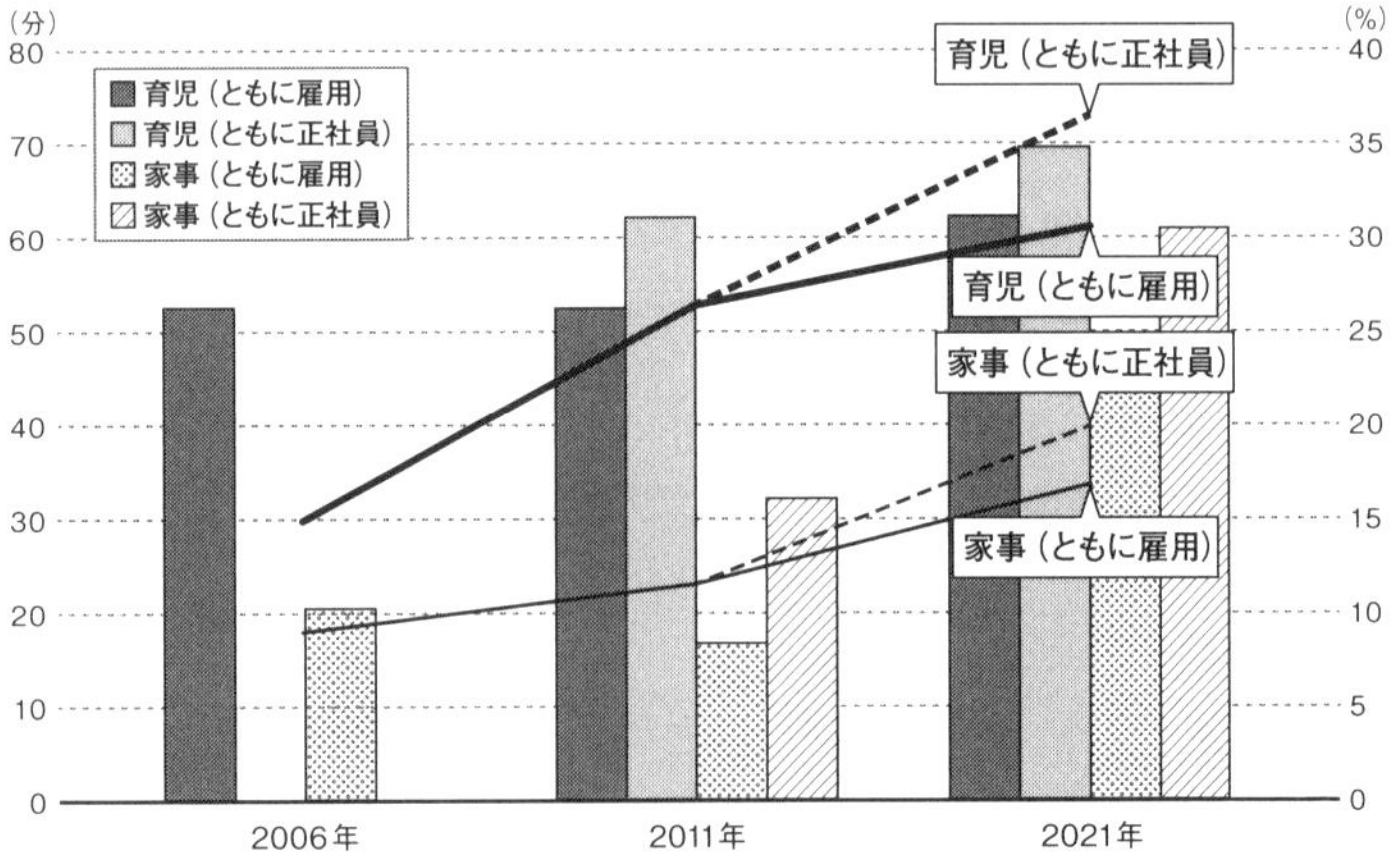

※「出生動向基本調査」をもとに筆者作成

どの非正規である場合を含めた数字となっています。時間的余裕のあるパートやバイトを妻がしている場合は、夫の家事育児支援時間は短くなりがちだということを念頭に図表を見ていきましょう。

夫の育児は、2006年に30分しかなかったものが、直近、「ともに雇用」では61分、「ともに正社員」では73分に伸びています。続いて、それらが妻の家事・育児時間の何%にあたっているか、が棒グラフになっています。かつては、26・3%だった育児時間が、現在では、「ともに雇用」が31・1%、「ともに正社員」では34・8%に伸びています。

じつは、この調査で調べる育児時間には、「子どもと遊ぶ」行為もカウントされています。これは楽しいだけの話で、妻のサポートとは呼べないでしょう。1日正味20分程度はこうした

「遊ぶ」がカウントされています。これを差し引くと、2006年はたった10分となる。こんなレベルでは、男性の育児支援はなきに等しいでしょう。対して直近は、「子どもと遊ぶ20分」を差し引いても、雇用者41分、正社員なら53分とそこそこの時間になっています。そう、だから表面上の数字以上に、夫の育児支援は増えているのでしょう。

家事については、総じて育児より数字が低いのですが、これも、先ほどの話と同様に、育児には「子どもと遊ぶ」が20分程度含まれているからでしょう。その20分を勘案すると、ほぼ同じような傾向となります。

とまれ、昨今では乳幼児がいる共働き家庭だと、夫は子どもと遊ぶ以外に、育児と家事で2時間近く汗を流している。もちろん、それでも妻の2～3割程度にしかならないし、「支援」「サポート」という意識がそもそも平等ではない、といった声も聞こえてきそうです。それでも、昭和時代の男である私たち世代から見ると長足の進歩であり、今後に期待が持てるところです。

少しは欧米に近づいた夫の家庭内労働

少し古い2017年のデータですが、夫の家事・育児労働がどれほどかを、国際比較した資料があります（図表20）。

図表20　**6歳未満の子どもを持つ夫婦の家事・育児関連時間**

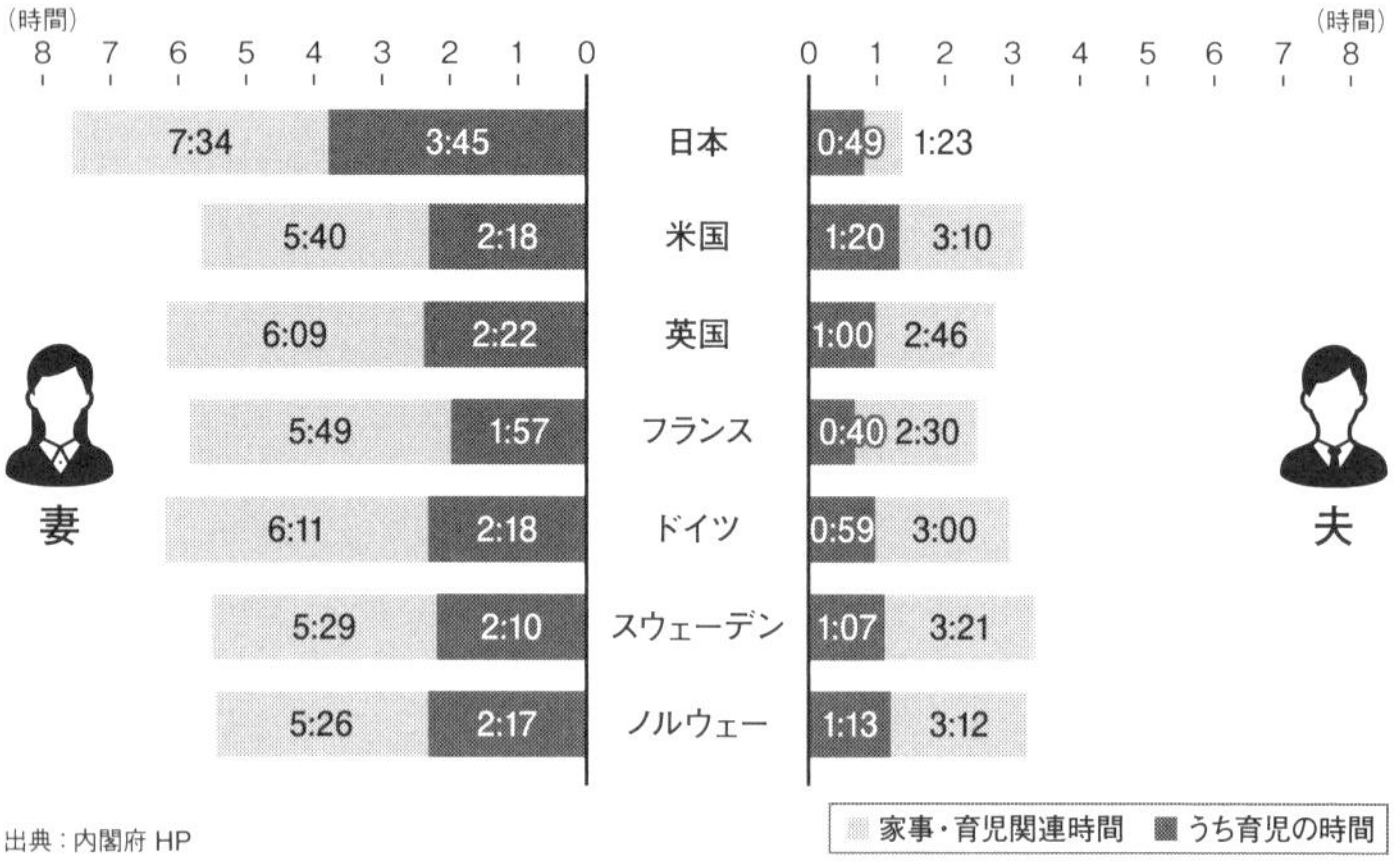

出典：内閣府HP

これで見ると、家事の時間はまだまだまったく足りませんが、育児であれば、ようやく欧米に手が届きだしたのが見て取れます。この調査から5年たった直近データで比べれば、育児については比肩できるレベルになってきているはずです。

夫が家事育児をすることは、夫自身の意識を変え、妻の心の負担を軽くしてくれます。

まず、家事・育児作業の大変さを理解してくれるようになる。

続いて「こんなに大変だ」という意識から、「なんとかこの煩わしさを軽減したい」という気持ちが沸き起こります。結果、それまでは妻に強要していた家事育児を、外部業者に委託することも、いとわなくなっていく。

この二つの変化で、妻は相当救われるでしょう。

図表21　育児の外部サービスを利用すべきか?

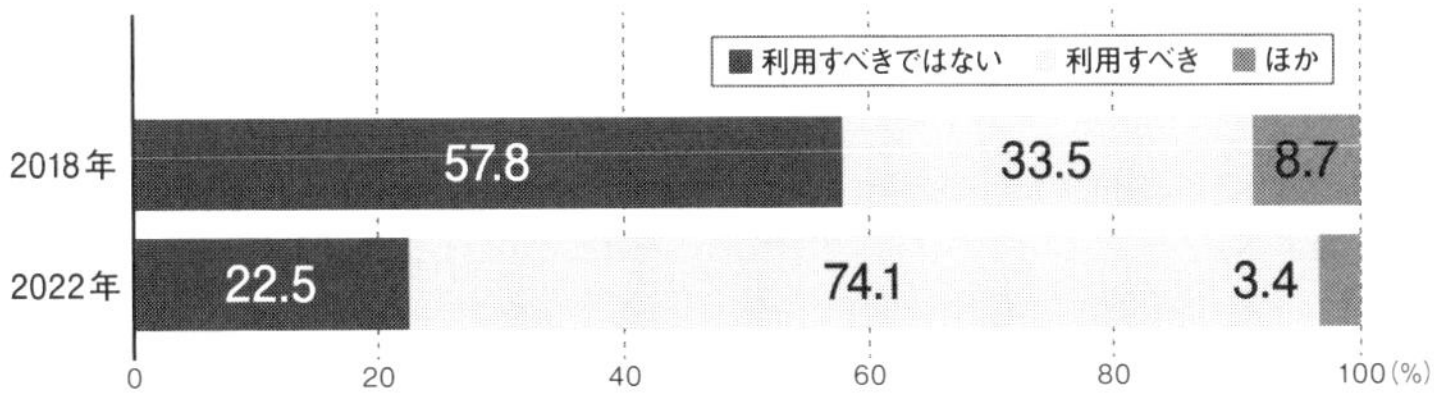

図表22　家事の外部サービスを利用すべきか?

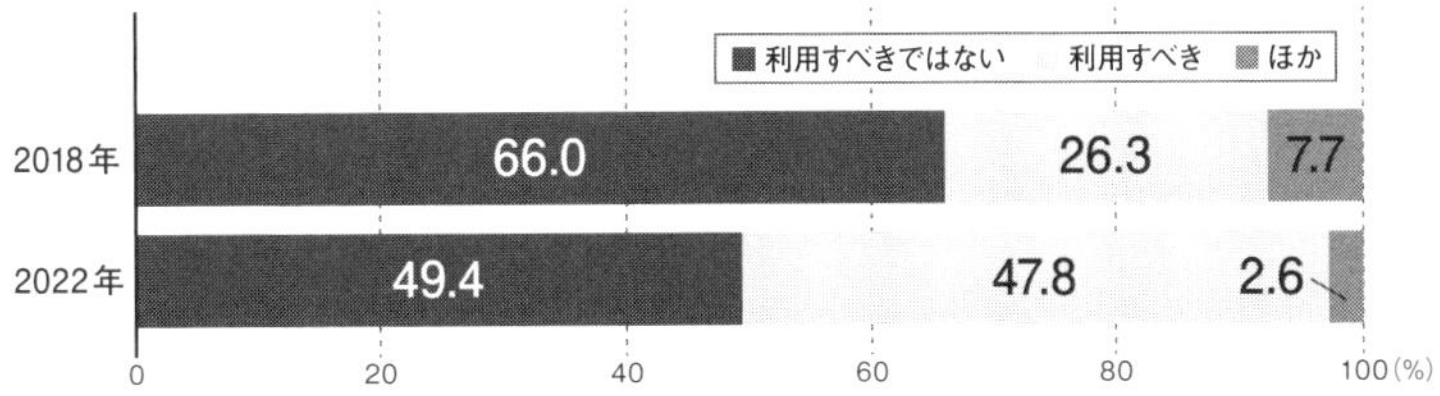

※「出生動向基本調査」をもとに筆者作成

そのことが、端的に示されたデータがあります。

図表21、22は、出生動向基本調査で、育児・家事の外部サービスを利用すべきか否かを育児家庭に問うたものです。原資料では、さらに細かく「残りの部分は夫婦半々、妻が主、夫が主」と3分類されていたものを、二つに再集計しています。

いろいろな公的データを長く見てきた身として、この資料は驚くべきものでした。母数がしっかりした調査で、たった4年という短い期間に、これほどまでに数字が変化した統計を私は見たことがないからです。中でも、育児に関しては2018年に外部サービス利用への賛成が33・5%とマイナーだったものが、20

22年には74・1%と圧倒的多数になっています。実際にベビーシッターなどの利用者はほんの数%にしかなっていないので、これは、「心」の変化に留まり、行動には移ってはいないようですが。

それにしても、なぜここまで急に変化したのか。私は、会社や社会の要請で、かたちだけでも育児や家事に携わった世の夫たちは、そのあまりの過酷さに気づき、この作業と会社勤務を並立させることは困難と、頭を切り替えたのでは……と見ています。

世の夫にとっての育児・家事参加は、まだほんの一歩でしかありませんが、じつに大きな一歩だったと思えます。

第3章

「強い男とかわいい女」が褪《あ》せない人たち

前章では「女性の社会進出が会社をどう変えたか」を見てきました。バブル崩壊から30余年のときを経て、産業界は大きく変わりました。

それは、「女は働くな」から「女性も働こう」への転換です。その裏には、経済の長期低迷、少子化と人材不足、そして女性の高学歴化という3つの「社会的事情」がありました。

ともあれ、産業界は女性大歓迎へと舵を切り、女性の社会参加は量から質への転換点に来ています。それに合わせて、働き方や家庭生活も大きく変わりつつあります。

そして近年、ついに家庭にまで変化はおよび始めました。

たまりにたまった澱が堰《せき》を切って流れ出すかのように、近年、さまざまな「女性活躍」の流れが生まれています。それは、先進国に比べればまだまだの水準ではあるのですが、改善のペースが驚くほど速いのも事実です。

こうして産業が変わり、家庭もようやくそれに合わせ始めた変化の流れに、唯一水をさす人たちがいました。それが独身者たちです。彼らの意識には、「昭和」が色濃く残り続けているようです。

1．結婚したら昔と変わらず産んでいる

問題は未婚者か、既婚者か

少子化はどのように進行しているのでしょうか。

日本では、合計特殊出生率という指標が重用されています。この数値は、当該年に15～49歳の女性が何人の子どもを出産したか、各年齢の平均値を出し、それを足し合わせて算出しています（詳細は後述）。過去から現在まで振り返ってみても、15～49歳での出産割合が圧倒的に高いので、この推計法は実際の出生状況と相違は少ないでしょう。

ちなみに、後ほど登場する「生涯未婚率」も50歳時点で一度も結婚したことのない人の割合を示しています。公的統計では、結婚・出産いずれも、50歳が一つの区切りと言えるでしょう。

合計特殊出生率の算出法を少し詳しく示しておきます。これは、年齢ごとに一人の女性がど

図表23　**出生率と完結出生児数の推移**

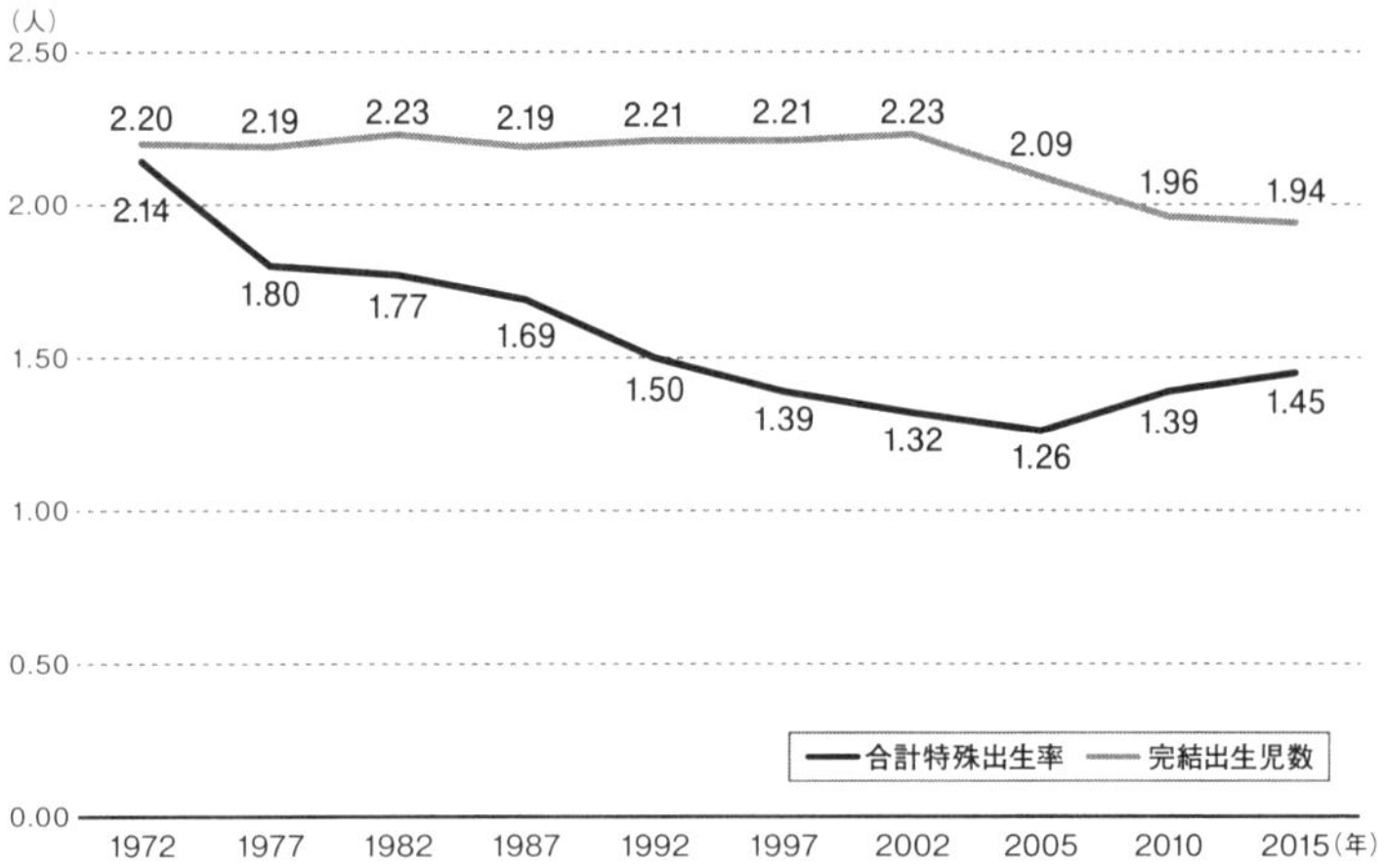

※「出生動向基本調査」をもとに筆者作成

れくらいの子どもを産んでいるか、を足し上げたものと書きました。わかりやすく書くなら、15歳女性の平均出産数が0・01人、16歳女性は0・03人……49歳女性の平均出産数は0・04人、とそれらを足していくのです。

このデータには、未婚者も既婚者も含まれます。

そのため、この数字が下がっていたとしても「未婚者が多いせいか」「既婚者が産まなくなったせいか」、わかりません（日本の場合、未婚者の出産はほとんどありません。他の先進国では、未婚で子どもを産むケースが少なくありません。この点が問題視されることもあるのですが、それは最終章で触れることにしましょう）。

とまれ、未婚者がほぼ産まない日本では、結婚する人が減れば即、出生率は下がります。一生結婚しない人の割合（生涯未婚率）は、198

0年代に5％程度だったものが、現在は20％にまで上がってきています。そう。少子化の第一因は「未婚化」にあると言えそうです。

そのことを表す資料を、簡単なものから見ていきましょう。

まず、既婚者の出産数はそれほど減っていないということを、完結出生児数から示してみます。完結出生児数とは、結婚後15～19年たった女性の平均出産数なのですが、第2次ベビーブームにあたる1972年はその数が2・2人であり、2015年では1・94人です。確かに減ってはいますが、その減少率は12％弱でしかありません。対して、この間の合計特殊出生率は、32％強（1972年は2・14人→2015年は1・45人）も低下しています。つまり、「結婚した女性の出産数の減少」よりも、結婚しない女性が増えたことのほうが、少子化の要因としては明らかに大きいと言えるでしょう。

生涯未婚率の上昇は、出生率の低下から遅れて生じる

未婚化が出生率にどう影響したか、以下、概観しておくことにします。

一生結婚しない人の割合（生涯未婚率）は、女性の場合1990年代まで、長らく4～5％程度で低位安定していました。当時は、男性の生涯未婚率が女性よりも低かったことから、女性は離婚後に再婚する人が多く、そのため、一人の女性に対し、複数の男性が結婚機会を有して

図表24　**生涯未婚率と出生率**

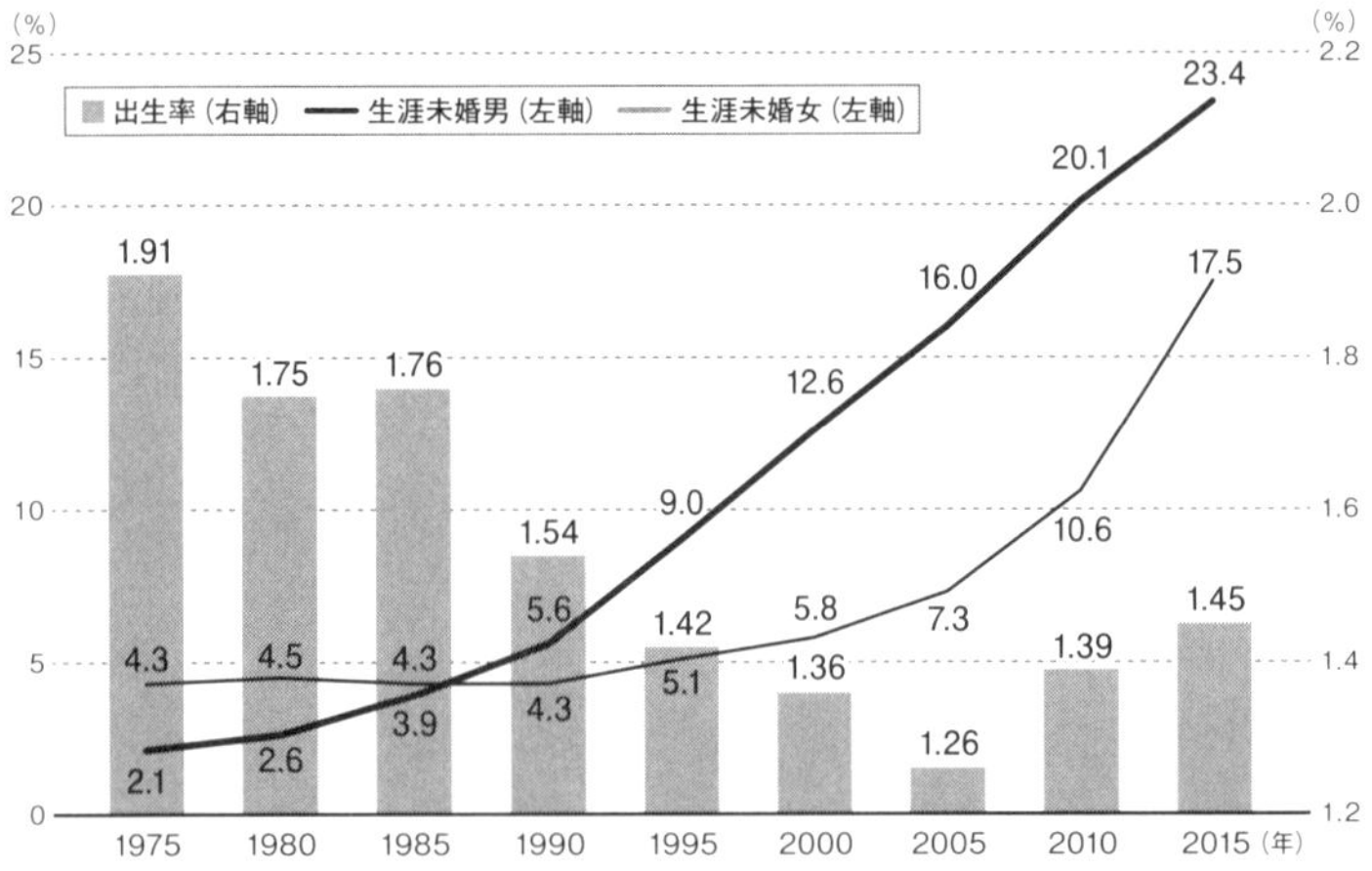

※「人口動態統計」、「国勢調査」をもとに筆者作成

いた、と考えられます。それが昨今では男性の生涯未婚率が女性より圧倒的に高まっています。

過去とは逆に、再婚・再再婚する男性が多く、その結果、複数の女性に結婚機会が生まれているのでしょう（勝ち組男性は複数回結婚できるが、その分、結婚にあぶれる男性が増えている）。

その相対的に低い女性の生涯未婚率でも、2000年頃から急上昇して現在は20％近くになっています。

ただ、前述したとおり、結婚した女性の完結出産数のほうもベビーブーム期より12％ほど下がっています。この点についても、「結婚後、妊活をしなくなった」のか、それとも「晩婚化のせいで妊活しても思うように出産できない」のかを精査しておきたいところです。

この点を明らかにするために、岩澤美穂氏の「少子化をもたらした未婚化および夫婦の変化」

（高橋重郷・大淵寛編著『人口減少と少子化対策』原書房、p.49〜72、2015年）を参考に、解明していくことにいたします。少々難しい説明となりますが、お付き合いください。

出生動向基本調査を見ると、初婚年齢別に、女性が何歳の時点で子どもを産んだかが記されています。このデータから、既婚女性の年齢別出産数が推計できます（離婚・死別があるので補正を加え、精緻化）。

浮かび上がる少子化の本当の原因

ここからは、推計手法がわかるように、次ページの図表25をあわせて読み進めてください。

同図表では、1974年を基準値とし、この時点の年齢別出産数データをまずつくっています。それが、2・05となり、グラフ中にはグレー色の水平直線①として描かれています。

次に、1974年の「結婚後の年齢別出産数」（以下「出産行動」と表記）をまったく変えずに、初婚率のみを、他の年のデータに入れ替えてみます。そうすると「1974年の出産行動」のままで、初婚年齢だけが変化した場合、どのような（既婚者の）出生数になっていたか、が示されることになります。それが、点線で示した折れ線②です。

それとは別に、今度は、各年度のリアルデータをつくって実線（＋グレー色のドット）の折れ線とします。こちらは、合計特殊出生率に極めて近い数字となります。

図表25　**初婚行動およびそれ以外の行動に規定されるモデル合計出生率の推移**

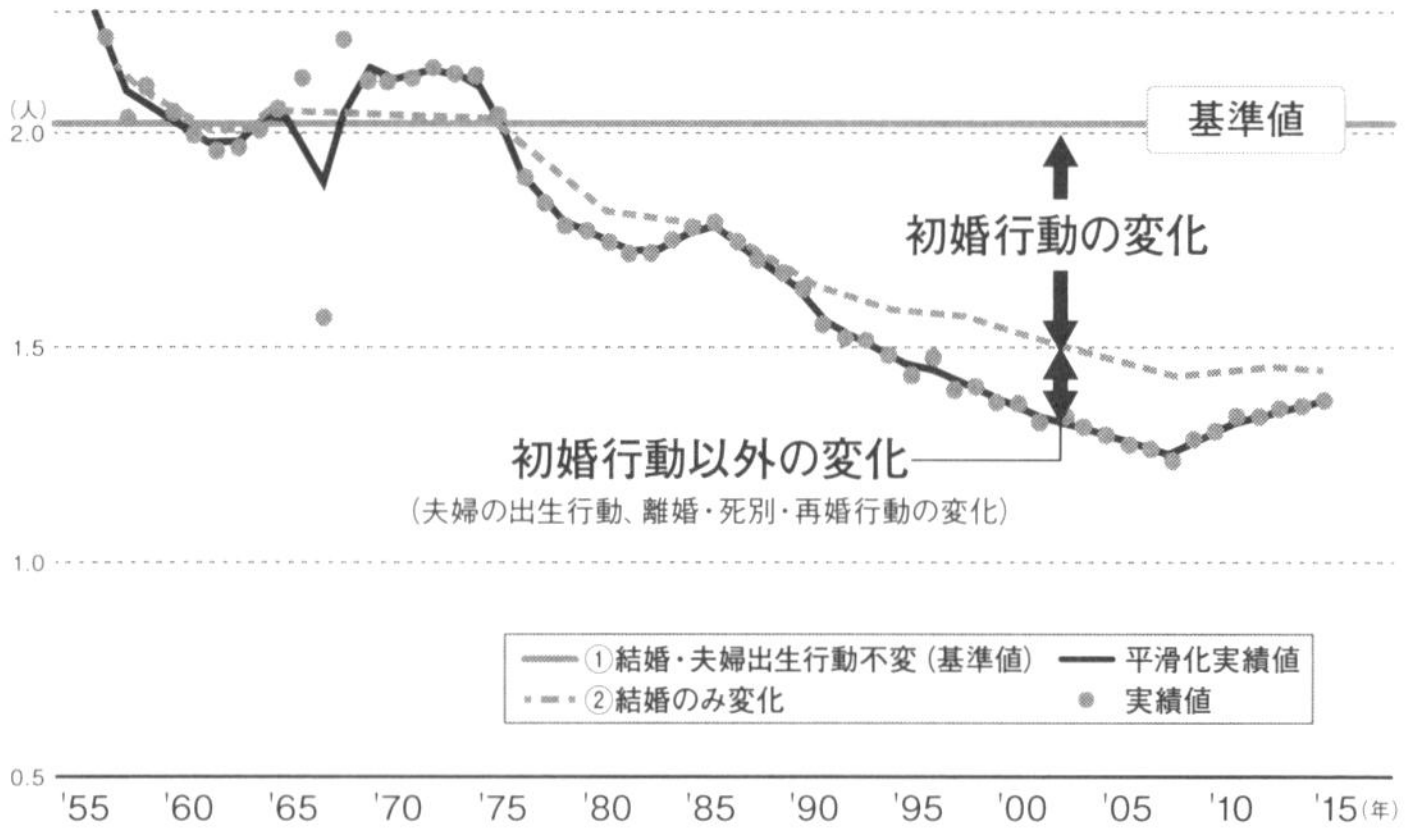

※筆者作成

この図表を見れば、一目瞭然ですね。

出生行動が1974年のままだったとしても、昨今のように初婚年齢が上がっていたら、点線の部分まで出生率は下がっていたということです。これはとても大きな低下ですね。

一方、その点線と実線（＋グレー色のドット）の差は、それほど大きくなく、しかも、2005年以降は、その差がぐんぐん縮んでいます。

つまり、結婚した女性は、昔の同年代の女性とそんなに変わらず、子どもを産んでいる。

ただ、晩婚化で結婚の出発点が遅かったために、完結出産数が伸びなかった、とわかるでしょう。

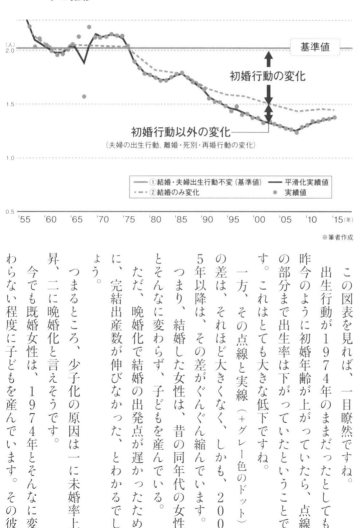

つまるところ、少子化の原因は一に未婚率上昇、二に晩婚化と言えそうです。

今でも既婚女性は、1974年とそんなに変わらない程度に子どもを産んでいます。その彼女らにもっと子どもを産めというのは、すなわち、子だくさんだった1974年の夫婦よりも出産指向をさらに高めるということに他なりません。確かに、晩婚化が進む現在、30代後半以降の女性の出産数を「過去より増やす」施策は大切でしょうが、それは対策としては、「従」にしかなりえないでしょう。

　ということで現状の少子化対策としては、結婚促進・早婚化が早晩また大きなテーマとなりそうです。それは、2010年前後の婚活・妊活ブームが思い起こされ（第1章で言及）、結果、結婚できない女性が肩身の狭い思いをすることになりそうで、胸が痛むところです。

　早婚を奨励する前に、なぜ晩婚・未婚化が進んだのか、そこに立ち返っておくことが重要でしょう。

2．職場結婚が減少した本当の理由

大学進学率上昇が晩婚化を生んだ

少子化の主因は「晩婚・未婚化」だとわかりました。

ここからは、その原因探究に移ります。

晩婚・未婚化を探るカギとして、初婚年齢と、出会った年齢、交際期間をプロットしたのが、図表26です。女性の場合、結婚年齢は上がり続けていますが、出会いの年齢は、１９９７年までは一貫して22歳代でした。

結婚相手との出会いは決して遅れていなかったのです。この頃の晩婚化は、交際期間の長期化が原因でした。それは、「見合い結婚」が減り、「恋愛結婚」が増えたことにより説明できます（図表27）。

図表26　**初婚、出会い、交際期間の平均値の推移**

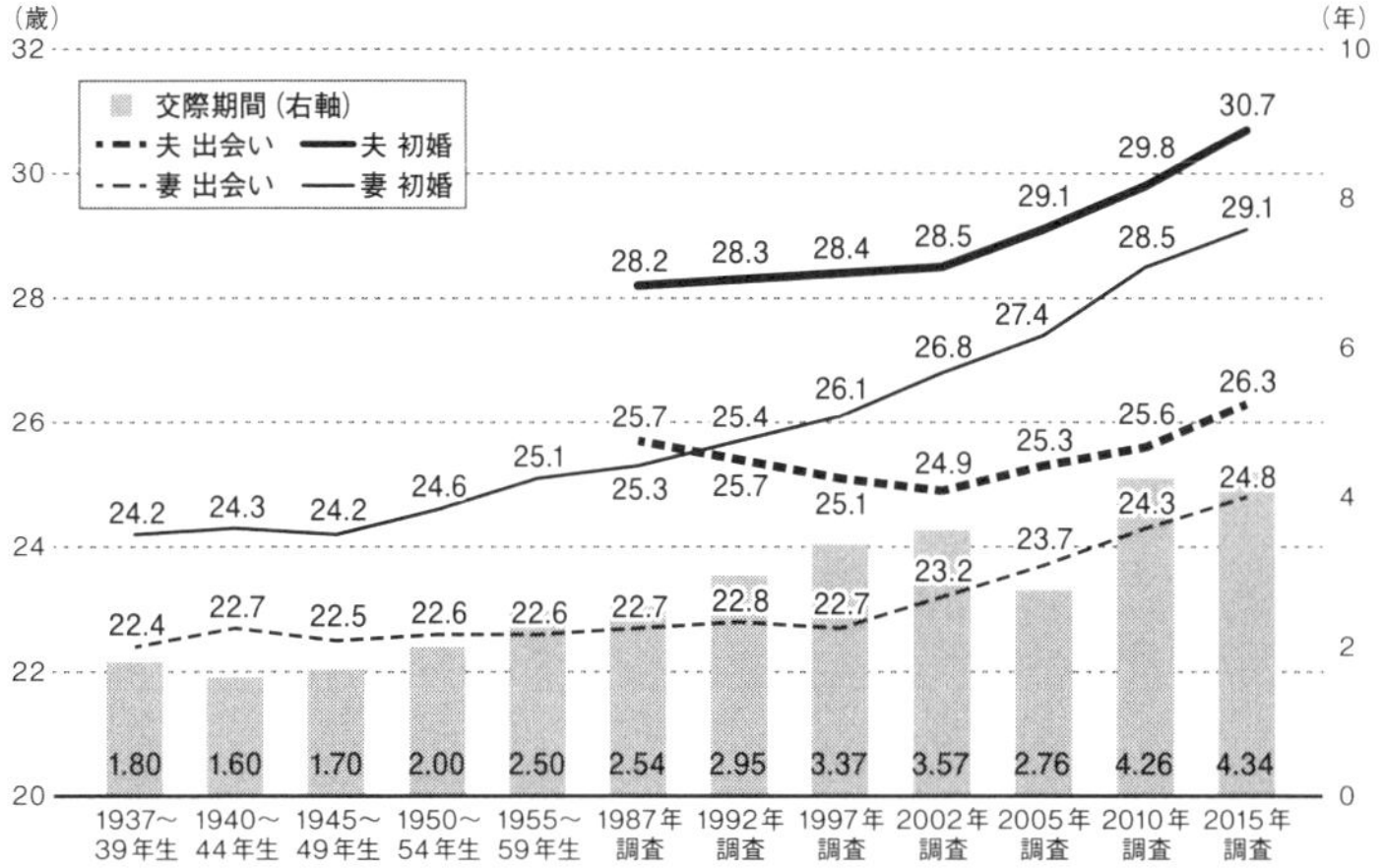

※「出生動向基本調査」をもとに筆者作成

結婚前提でお膳立てされた見合いの場合、ゴールインまでの期間は短く、逆にゼロから付き合い始める恋愛結婚はその限りではありません。

戦後、見合い結婚は減り続け、逆に恋愛結婚が増え続けました。それで、出会い年齢は変わらないのに、交際期間が延びたのが、当初の晩婚化の理由と言えるでしょう。

ただ、恋愛結婚比率も1990年には8割を超え、見合いは2割にも満たなくなります。このあたりからは、この二つの要因では晩婚化を説明できなくなってきます。

代わって晩婚理由となったのが、女性の高学歴化でした。これはひとえに、四年制大学への進学率の上昇によるものです。

従来、女性は高校・短大／専門卒が最終学歴のボリュームゾーンでしたが、バブル崩壊以降、大学進学率は右肩上がりで上昇し続けます（図

図表27　恋愛結婚と見合い結婚の割合

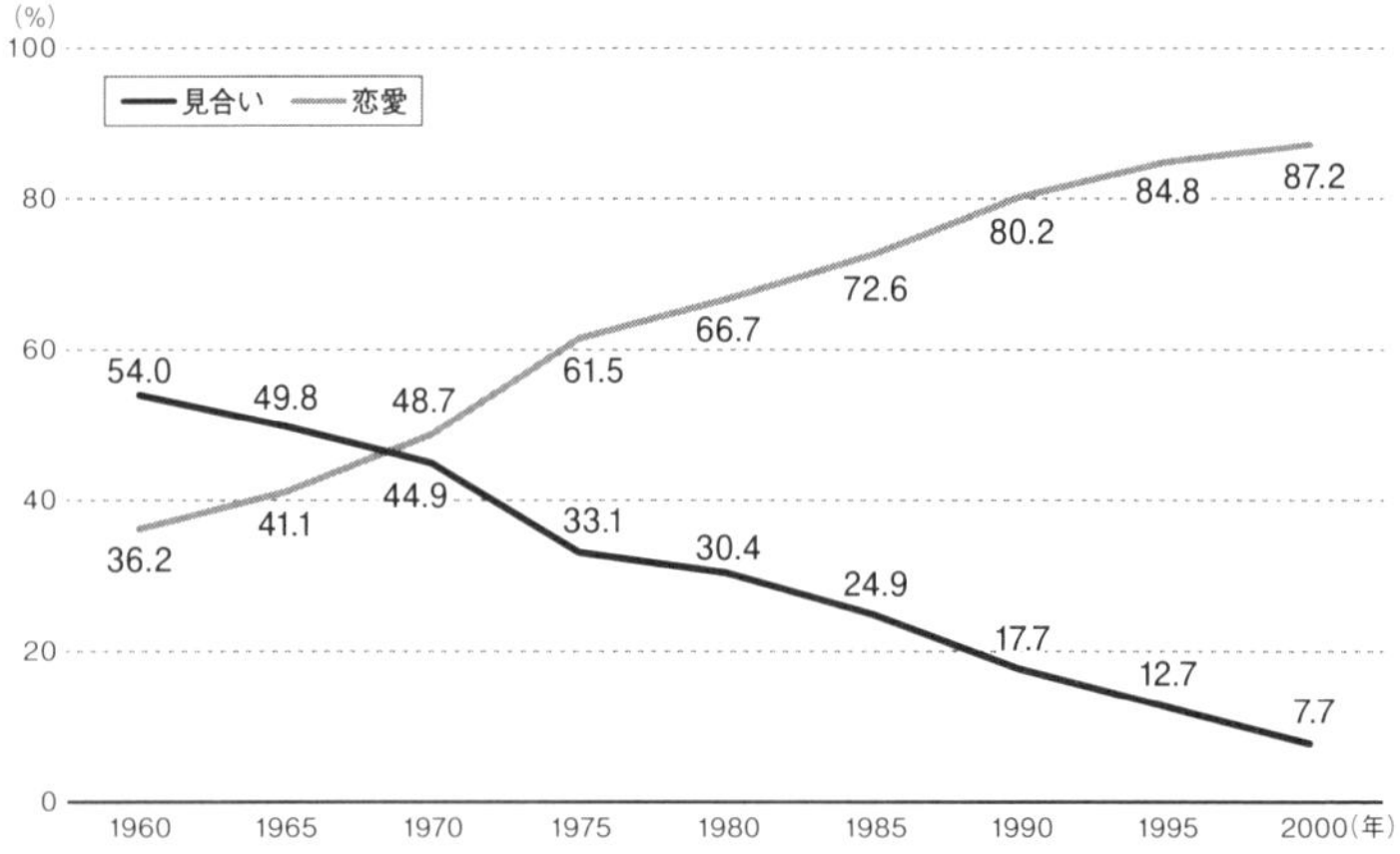

※「出生動向基本調査」をもとに筆者作成

図表28　女性の高等教育機関への進学率の推移

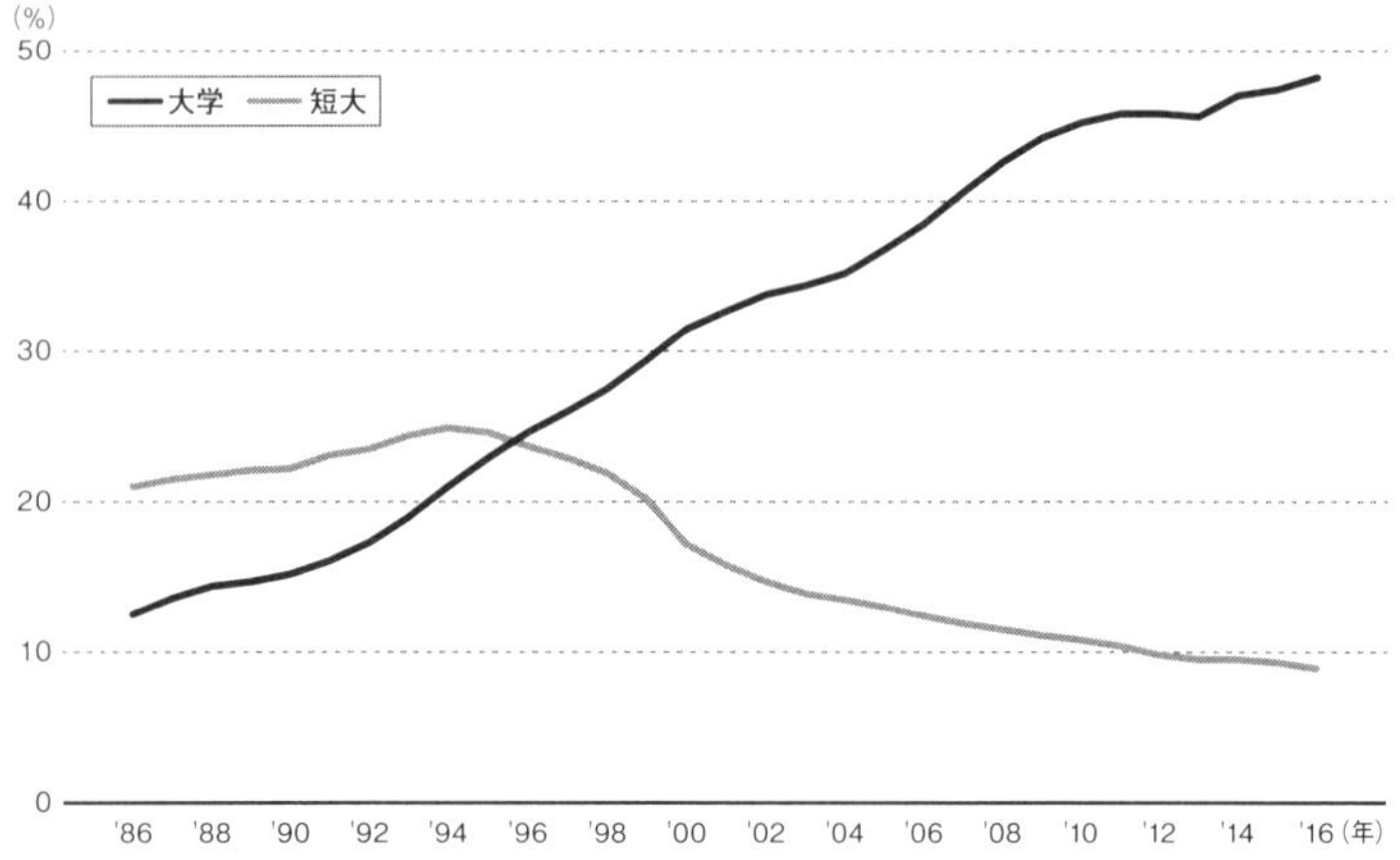

※「学校基本調査」をもとに筆者作成

表28）。

生涯の伴侶を見つけるのは、やはり修学中ではなく、社会に出てからとなる人が多いでしょう。そこで、四年制大学への進学者が増えれば就学期間が延びるために、結婚相手との出会い年齢も上がります。

女性の地位上昇が、「職場のいい男」を減らす原因に

女性の四年制大学の進学率の急上昇期にあたる１９９０年代後半から２０１０年代半ばまでに、女性の「結婚相手との出会い年齢」は約2歳上がりました。一方、80年代にすでに四年制大学進学率が40％に達していた男性は、昨今に至るまで、出会い年齢は25・６±０・７歳の範囲で推移し続けています。このことからも、進学率が上昇すれば、結婚相手との出会い年齢が上がり、それが晩婚化につながるというのがわかるでしょう。

ここまでは、学歴の変化、見合い結婚の減少、恋愛結婚の増加など、晩婚理由は比較的見えやすい状況でした。ところが、２０１０年代以降に起きる晩婚・未婚化については、その原因が何なのか、わかりづらくなってきます。

一つの手がかりとなるのが、「付き合い始めたきっかけ」を表したデータです（図表29）。

出会いのきっかけは、戦後一貫して「見合い」が減り続けました。その穴埋めとして、「職

図表29　**出会いのきっかけ**

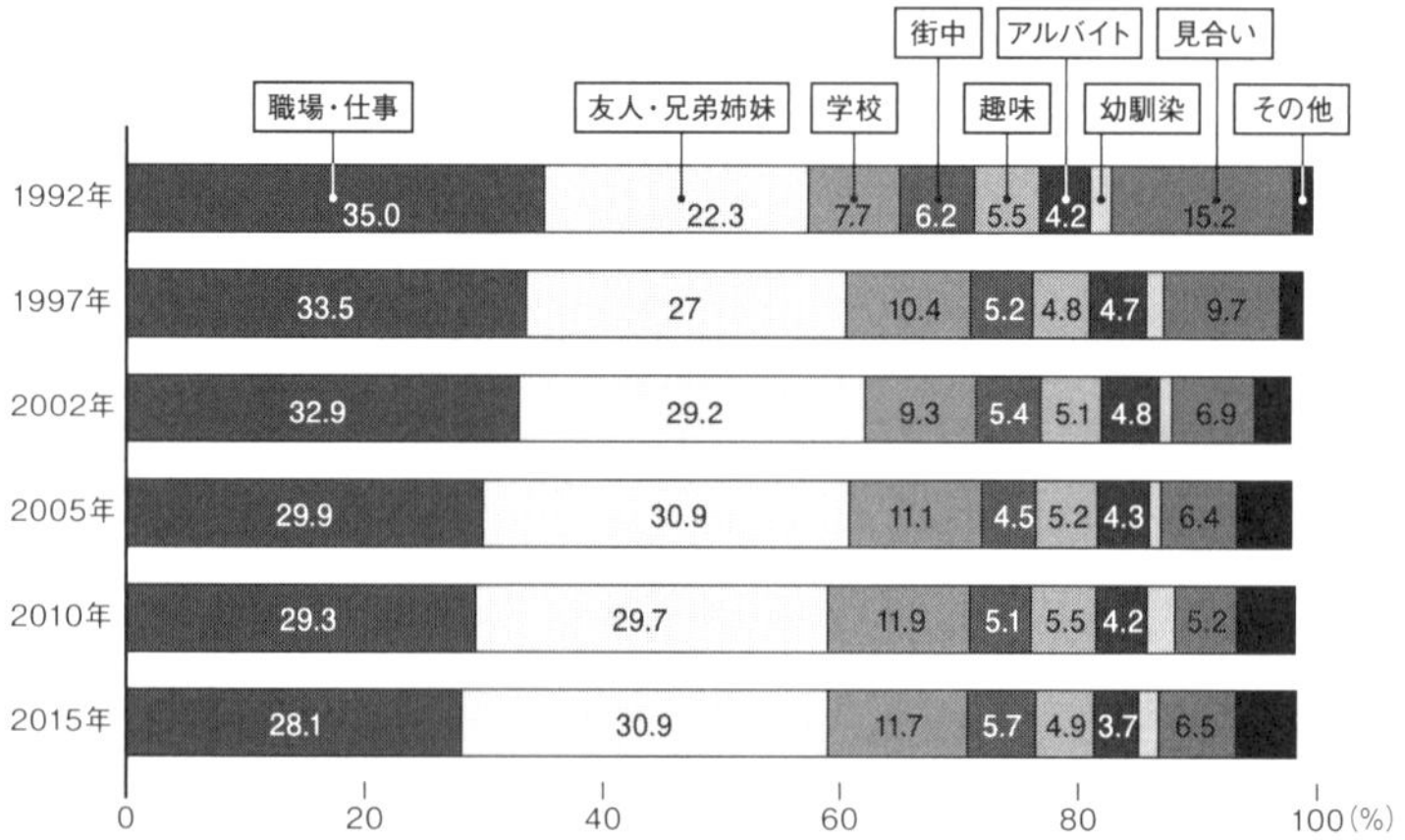

※「出生動向基本調査」をもとに筆者作成

場・仕事」が90年代まで増え続けています。

ところが90年代後半以降、今度は「職場・仕事」が減り続けます。

その後は、「その他」が近年若干伸びていますが、これはネット婚などの新手段の誕生によるものでしょう。それ以外、「見合い」「友人・兄弟姉妹」「学校」「趣味」「アルバイト」「街中」については一進一退で、影響は見えないといったところです。

ここまで整理すれば、この20余年間の未婚・晩婚化は、職場婚の減少が響いたと言えそうです。

さて、ではなぜ職場婚は減少したのでしょう。これも、企業の人事管理を知る人ならば、簡単にその理由がわかります。

前章で触れてきたように、2000年頃より女性のキャリアは大きく変わっています。

短卒→事務職（一般職）というコースが激減し、女性も男性と同じように四年制大学に通い、総合職として企業に勤める人がどんどん増えたのです。

単純に考えれば、一般職の女性社員が、総合職の女性社員に代わっただけなので、社内には結婚適齢期の女性が多くいるということ自体は変わらないでしょう。ところが、この変化により、「社内にいい男が少なくなった」ように見える現象が起きてしまうのです。

それはそうでしょう。

短大卒で一般職となった女性の場合、学歴も給与も安定性も将来性も、総合職の男性には劣ります。当然、社内には至るところに「自分より上の男性」があふれている。だけれども、四年制大学を出て総合職となった女性たちから見ると、男性社員は「同格」でしかなく、下手をすると「自分以下」の場合も多い。しかも、日本型雇用のメリットはどんどん縮小されているので、「男なら誰でも管理職になれる」こともありません。

当然、昭和時代の結婚観のままでは、よき相手を見つけるのが難しくなるでしょう。

そう、「結婚観」も今流にアップデートしなければ、相手は見つかりません。

ただ、それが難しい……。

ともすると、「女が高望みだ」と揶揄する人が出てきそうですが、そうではないでしょう。世の多くの人の頭の中が「昭和のまま」だからなのです。それは当事者の若き女性よりも、親や親類、周囲の人たちの「目」が大きな問題ではないでしょうか。

3．そして職場から「いい男」は消えた

未婚・晩婚問題の意外な原因

少し考えてほしいことがあります。

今でも、女性誌の特集では、「高年収男性をつかまえる」的な記事をよく見かけます。ニュースやワイドショーでは、「非正規で収入の少ない男性が結婚できない」という話が多々流されます。多くの人たちは、こうした話に何ら違和感を持たないでしょう。

それならば聞きたいところです。

世の男性誌では、「高年収女性をつかまえろ」という特集は、なぜ少ないのでしょう？

ニュースやワイドショーでは、「非正規だから結婚できない女性」という情報をあまり見かけないのはどうしてでしょう？

この事実の裏にあるのは、「今でも家計を支えるのは男」という性別役割分担意識ではないでしょうか。それが色濃く残るために、多くの女性はいまだに、「結婚するなら、将来性のある人がいい」「学歴も企業レベルも自分より上の人がいい」と思っているのではないでしょうか？

そんなことはないという人も、親や親族、友人など周囲を見渡すと、こんな話があふれていたりしませんか？

こと、結婚に関しては、いまだに「男は女より上」という昭和の価値観が根深く息づいているのではありませんか。

もしそうだとすると、女性の地位が上がって学歴も職歴も立派になればなるほど、「自分より上」は少なくなる。相対的に「自分以下」の男性が増え、結婚相手の候補者は減ってしまいます。

これが現在の未婚・晩婚化の真因ではないでしょうか。

30年で変わった心、変わらない心

独身者の心がどのように変わった（変わっていない）かを、端的に知ることができるのが、出生動向基本調査の中にある「結婚相手に求めるもの」という質問です。

以下、「重視する」と「考慮する」を合わせて、どのくらいのポイントになるか、を示してみました。バブル景気冷めやらぬ1992年から直近の2021年まで、おおよそ30年の間の、独身者の心の変化を見ていきましょう。

まず、男女ともに、昔も今も求める度合いが強いのが、「人柄」と「仕事への理解」「家事・育児」となります。人柄についてはそもそも相性の基本なのだから当然でしょう。一方、「家事・育児」「仕事への理解」については、昨今、とりわけ共働きが増えているので、男女ともにこの項目が重要度をさらに増しています。

図表30　「結婚相手に求めるもの」の推移

(%)

	人柄		仕事への理解		家事・育児	
	女性	男性	女性	男性	女性	男性
1992年	97.3	94.1				
1997年	97.8	95.2	88.4	88.2	89.8	86.8
2002年	98.1	92.8	92.4	88.1	95.0	89.9
2010年	98.2	95.1	92.7	89.0	96.4	93.1
2015年	98.1	95.1	93.2	88.2	96.1	92.8
2021年	98.0	95.1	93.4	88.6	96.5	91.4

※「出生動向基本調査」をもとに筆者作成

続いて、過去には女性と男性で乖離《かいり》が見られたのが、年を追うごとに女性の数値が男性に寄ってきたものとして、「趣味」と「容姿」の2項目が挙げられます。この背景を推測するに、従来女性は、専業主婦やパート労働のため、男性よりも自由な時間が長く、そこで、「趣味」への要望度合いが高かったのではないでしょうか。それが、総合職女性の増加により、趣味時間が減った結果、この項目への要望度が男性並みに下がったのでしょう。

「容姿」への要望が男性並みになった点も、女性の収入や

図表31　**女性が男性化した項目**

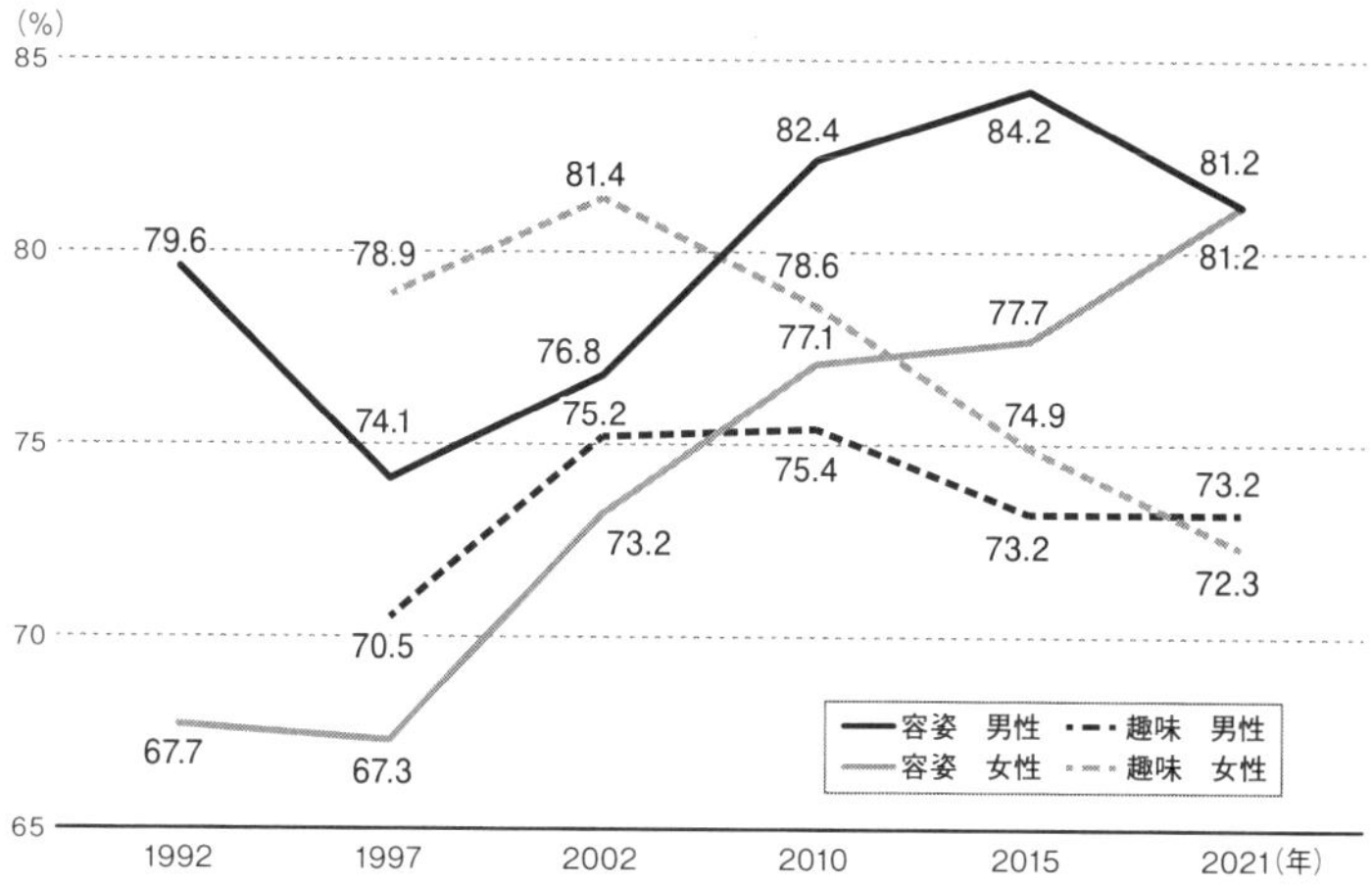

※「出生動向基本調査」をもとに筆者作成

地位の向上が背景にありそうです。

20世紀初頭、トルストイやエレン・ケイの時代であれば、生活力がない女性は、資金力のある男性に嫁ぐのがよしと普通に謳われていました。そこには相手に容姿容貌を求める余裕などはなかったでしょう。

それが、収入も地位も向上すると、無理に好みでもない男性と結婚しなくても、一人で生きていけるようになりました。そこで、容姿容貌への要望も強くなったと考えられそうです。

男性に「学歴」「職業」「経済力」を求める女性たち

女性の社会進出が進み、性別役割分担が壊れるにもかかわらず、逆に「昭和的価値観」が強くなっている項目も見受けられます。

図表32　**男女で乖離が大きい項目**

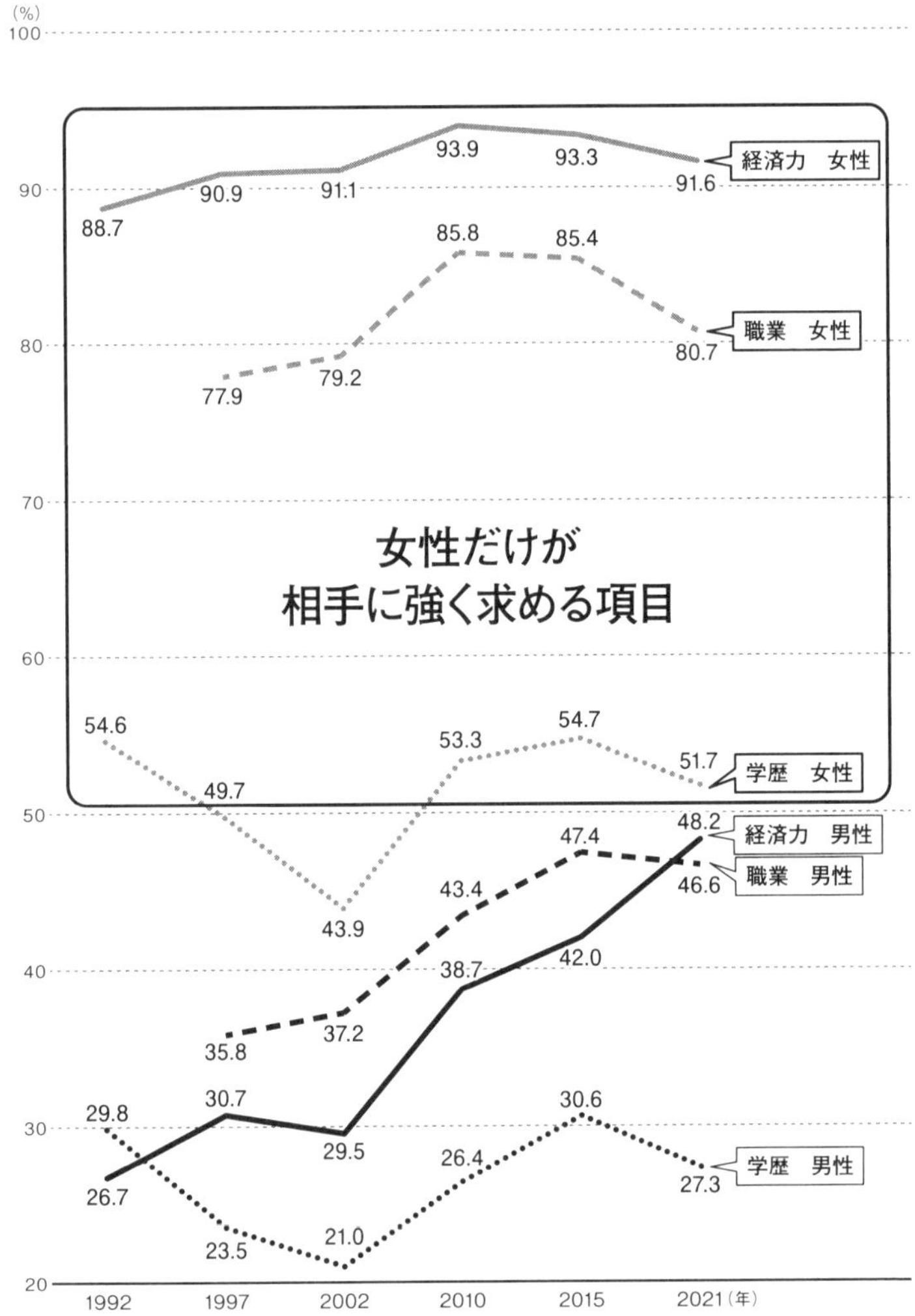

※「出生動向基本調査」をもとに筆者作成

まず、女性が男性に「経済力」を期待するポイントが、いまだに9割を超え、むしろ過去よりも高くなっていること。同様に、女性が男性の「職業」を気にする割合も8割を超え、数値は90年代より高くなっています。

そして、「学歴」への要望。女性は5割台、男性は3割程度と昔同様の乖離が続いています。

この3点は、女性の社会進出で、性別役割分担が壊れたなら、本来これらも薄れるはずなのに、むしろ維持強化されているのが見て取れます。

未婚のまま残るのは「低年収男性と高年収女性」という現実

女性の「学歴」「職業」「経済力」が上がれば上がるほど、自分以上の「男」を求めようとしても、その候補者は減っていきます。こうした「昭和の心の保蔵」が出会いを減らすのでしょう。それは男女平等社会においては当然の帰結と言えます。

こうした状況を補足するデータを以下、挙げておきます。

次ページの図表33は、独身研究家の荒川和久さんが、就業構造基本調査をもとに、年収と生涯未婚率の関係を表したものです（「婚活市場では〝高望み〟の部類だが…『年収500万円以上の未婚男性』が最も余っている皮肉な理由」より）。

2007年と2017年、それぞれが折れ線グラフとなっていますが、どちらも、男女の線

図表33　**年収別の男女の生涯未婚率**

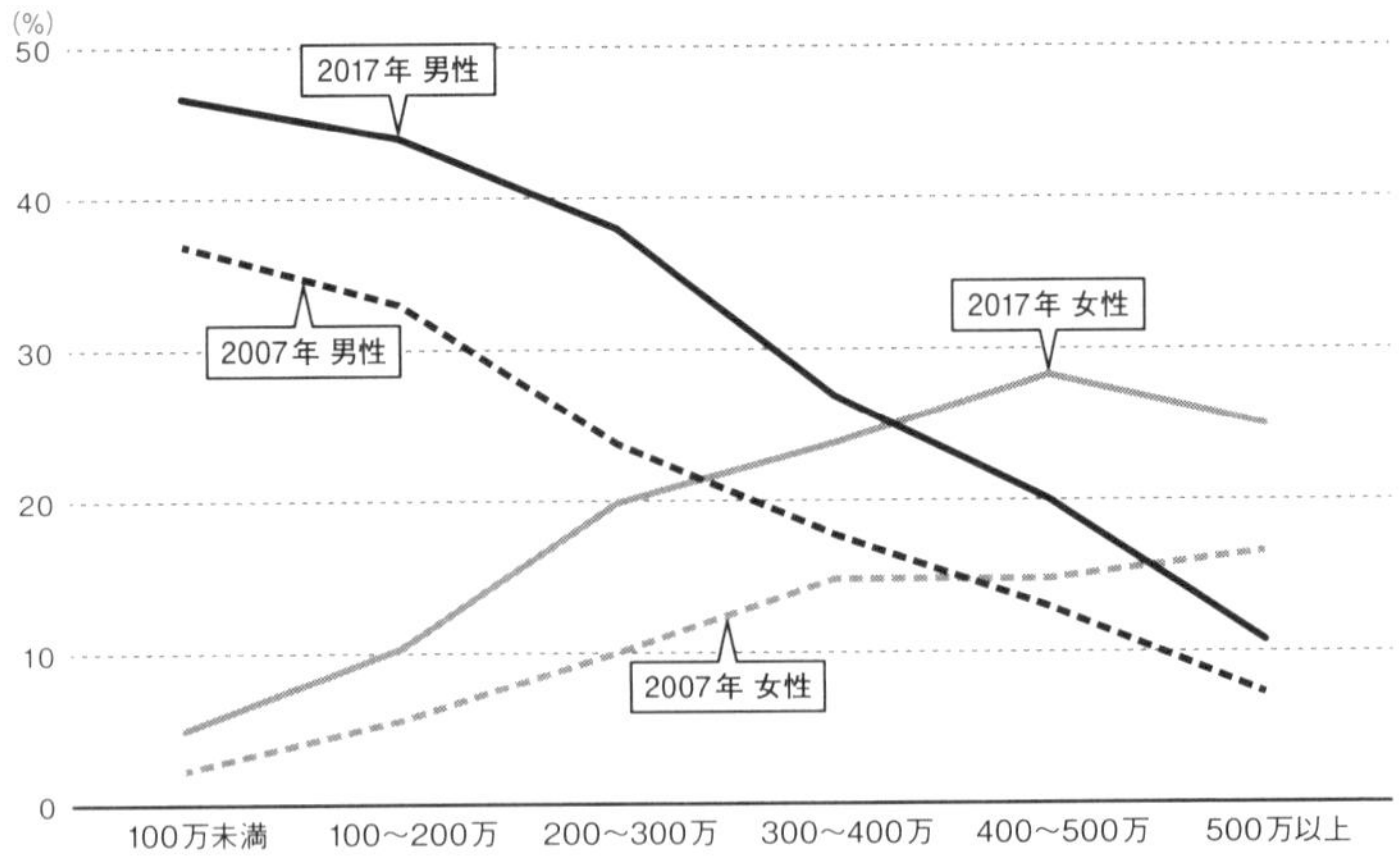

※「就業構造基本調査」より有業者のみにて荒川和久氏が作成

が×というかたちで交差しているのがわかるでしょう。つまり、男性は低年収者の未婚率が高く、女性は逆に高年収者ほど未婚率が高くなっています。

高年収の女性にとって、「自分と同等以上の男性」は数少ないでしょう。

逆に低年収の女性は、「自分と同等以上の男性」は多数います。それが、女性の未婚率が年収と逆相関する理由と言えないでしょうか。

また、低年収の男性の未婚率の高さも、同様に説明できそうです。

総じて言えば、昭和型の結婚観がそのままだということではないでしょうか。

ちなみに、２００７年と２０１７年を比べると、男女ともにグラフが上方にシフトしているのが見て取れます。そう、この間の女性の収入・地位向上が、未婚率を上方シフトさせたと考えるのがごく自然でしょう。

結婚した夫婦では男女学歴逆転ケースが少なくない

以上は、出生動向基本調査の独身者編から出したものなのですが、既婚夫婦編には、対照的なデータもあります。それは、「結婚した人たちは、昭和型の価値観がかなり排除されている」というもの。

まず、結婚した夫婦の学歴状況を見てみましょう。

これは、2015年の調査をもとに、結婚した年代ごとに、夫婦間の学歴差異を調べたものです（離婚・死別した人は含まれておりません）。帳票上、高校・大学とも女子校・共学と分かれていますが、これらは一くくりにしました。また、「専門」「短大・高専」というくくりは、3種同等としています。

その結果、でき上がったのが次ページの図表34です。

今から20年以上も前の1995年を見ても、すでに「妻の学歴が上」というカップルが17％とかなり高かったのですが、以後もこの数字は伸び続け、2010〜14年の時点だと24・3％と、すでに4カップルに1組は妻が上となっています。これは、「夫のほうが上」の30・7％に肉薄している状況です。

図表34　**結婚年次別にみた夫婦の最終学歴**

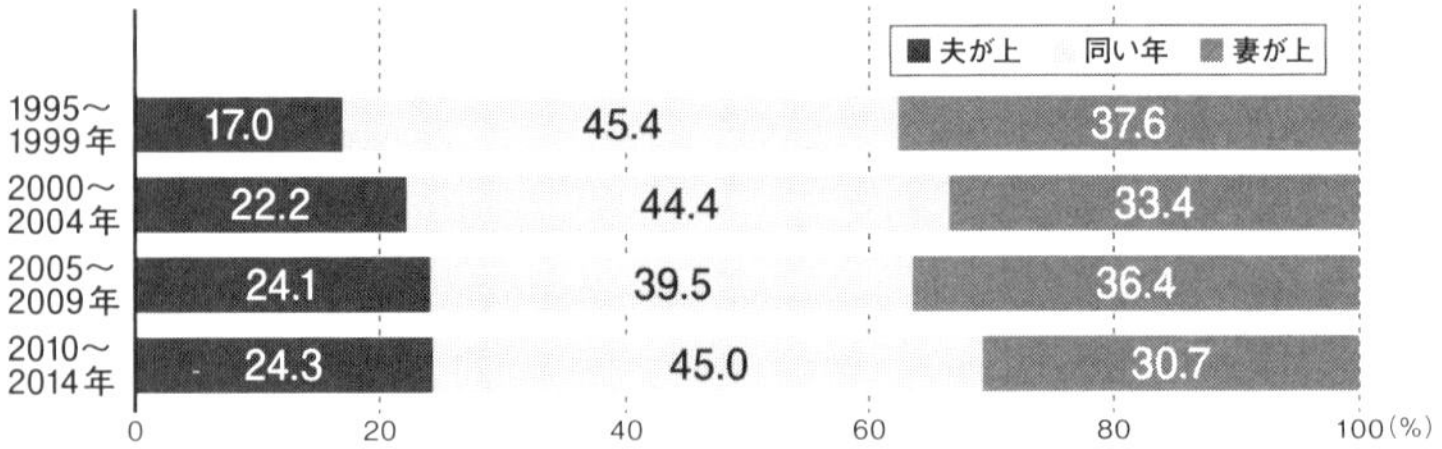

※「出生動向基本調査」をもとに筆者作成

図表35　**夫婦の年齢構成**

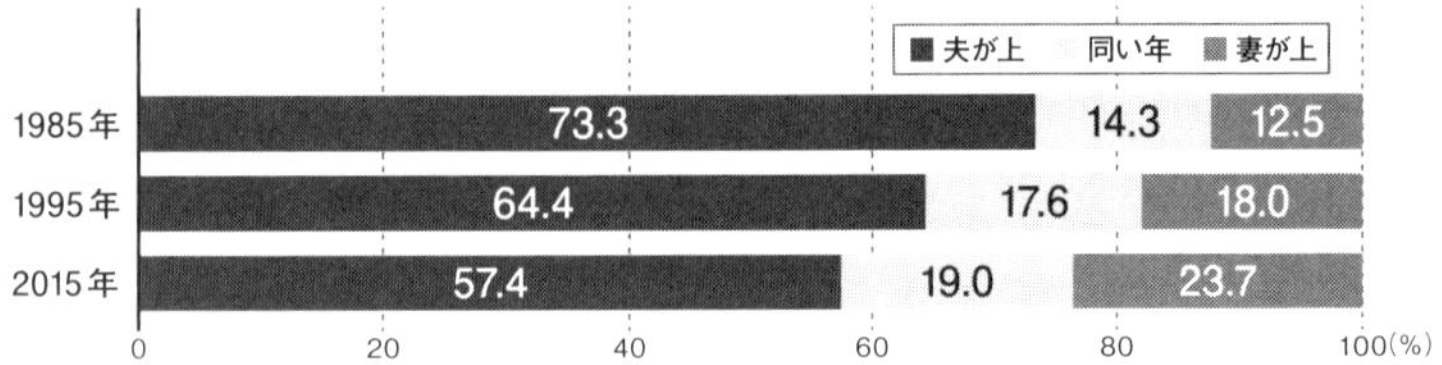

※「人口動態統計特殊報告」をもとに筆者作成

もう一つ、夫婦の年齢関係も見てみましょう。図表35は「人口動態統計特殊報告」から作成しました。

昭和的価値観であれば、えてして「夫は年上、妻は年下」となりそうですね。

ところがこちらも、昭和の真っただ中にある1985年から姉さま女房カップルは12・5%とそれなりに高く、年を追うごとに増えて2015年時点でも約4組に1組（23・7%）にまでなっています。

そう、やはり既婚者には、「昭和の価値観」を捨てて実を取る人の割合が多いようです。

他にも、結婚している人たちを見ると、「妻が正社員で夫が非正規」というカップルの割合が、同年代の性別雇用形態状況の割合よりも高くなっていたりします。

未婚女性に残る「昭和観」は決して本人の責任ではない

こうしたデータを集めて、「だから女性も高望みをせず、学歴や年収が自分より下の男性を選べ！」と短絡的なことを言うつもりはありません。その前に、なぜ、こんな「昭和」が女性の心に残っているのかをしっかり考えるべきでしょう。

まず、女性を取り巻く環境。それがいまだに「昭和的結婚観」の大合唱なこと。たとえば、付き合っている男性がパートタイマーやアルバイトだった場合、多くの親御さんは渋い顔をするのではありませんか。

いい大学を出て、有名企業に勤める女性が無名企業の低年収な男性と付き合っていると、同窓生も会社の同僚も、興味本位に「なんで彼を選んだの」と聞くでしょう。決して貶《おとし》めるつもりはなくとも、こうした「常識的発言」が彼女たちをどんなに傷つけるか。

加えて言えば、マスコミでは、「非正規男性だから結婚できない」「低年収の男はもてない」と大合唱しています。

これでは、本人も洗脳されるでしょうし、愛を貫こうとしても途中で心折れてしまうでしょう。つまり、女性本人だけの問題ではなく、周囲の影響が大きい。マスコミも含めて、そのことに気づいてほしいところです。

そしてもう一つ。やはり、雇用環境や家事負担の問題があります。

たとえば、大企業のエリート男性でも、派遣で働くかわいくて気の利いた女性と結婚するケースは多々見受けられます。私のいたリクルート社では、役員や執行役員、部長クラスの男性社員の奥様が、自部署に来ていた派遣社員というケースは枚挙に暇がありません。

なぜ、男は非正規で低年収の女性を娶《めと》るのか。昭和的常識以外にも、「結婚すれば、奥さんに家事や育児を任せられる」という思いがある。非正規社員なら、総合職エリートより仕事が忙しくないから、家庭内は任せっきりにできる、と。つまり、やはり相応のメリットがあるからこれは成り立ちます。

一方、エリートで高年収の女性はどうでしょうか？　まず、周りに気の利くかわいい男性派遣社員は少なく、そもそも出会う機会すらないでしょう。仮に飲食店などで働くアルバイトの男性と知り合ったとして、結婚したら彼らが家事育児の大半をしてくれたりするでしょうか。ともすると、収入も家事育児、労働もすべて女性の負担になりがちです。これでは結婚する意味など見いだせないでしょう。

つまり、やはり女性本人ではなく、生活環境までしっかり変えていかなければ、女性の心から「昭和」はなかなか消え去らないと言えそうです。

第4章

30歳「不安」、35歳「焦燥」、40歳「諦め」

女性が自由に生きるためには、経済力をつけることが重要だ——与謝野晶子さんが100年も前に唱えたこの主張のとおり、女性は学歴と経済力を持ち、自律を成し遂げつつあります。企業の態度も昨今がらりと変わりました。それはとりもなおさず、「女性抜きでは経営が成り立たない」と痛感したからでしょう。

そうした変化の波は、ようやく家庭にもおよび、夫からの支援が増えています。同等の仕事をする夫婦の場合、「家事育児は女まかせ」では、家庭が成り立たないことに、遅まきながら気づいたようです。

こうして、働き、結ばれ、母となった女性は、あるべき方向へと歩を進めました。ただ一方で、この進歩は、新たな痛みも生み出しています。

その一つが、「パートナーが見つからない」問題。優秀な女性が増えれば必然、「自分より上の男性」は見つけづらくなります。昭和期にできた「男は女より上」という価値観のままでは、パートナー探しは困難になっていく。かと言って下方婚をしても、女性の側には得るものは多くありません。そこで必然、未婚率が上昇する……。

二つ目は、大学を出てキャリアを積んでいたら、結婚・出産が遅れるという問題。男女平等化が進むにつれ、妊娠・出産という生物的制約とキャリアの帳尻が合わなくなっています。この処方箋として「早く結婚し早く産む論」が流行しましたが、それは効能不足でした。この論の普及以降も晩婚化は進み、嫁ぎ遅れた女性は諦めるため、生涯未婚率が上昇するばかりです。果たして、学歴・キャリアと結婚・出産に解はあるのでしょうか。

1．婚活・妊活に追い立てられ、責められる女性

未婚で30歳過ぎた人はどうしたらいいのですか

「出産は若いうちにすべきだ」。この正論が声高に叫ばれるようになったのは、そんなに古いことではありません。この主旨で書かれた書籍がヒット作となり、耳目を集めたのは、『オニババ化する女たち』（光文社新書）が嚆矢《こうし》となるでしょう。その後、勝間和代さんや白河桃子さんなど影響力の強い女性識者や、野田聖子議員の自らの体験談などが注目を集め、NHKでも複数回の特集が組まれました。2008年には、当時、歌姫と持て囃《はや》されていた倖田來未さんの「35歳を過ぎると子宮の羊水が腐る」という残念な発言があったのを覚えている人も多いでしょう。

こんな流れで2010年代前半には、「出産は若いうち」という話が相当浸透したはずです。

もちろん、それは医学的に正しいでしょう。だから、産む機会・環境があり、子どもが欲しいカップルは、妊娠活動に躊躇すべきではありません。30歳前後でパートナーがいる人、とりわけすでに結婚して、収入的にも問題がないなら、「急ぐ」のは普通のことと思えます。

ただ、そうした機会がなく、未婚で三十路を歩く女性はどうしたらいいのでしょうか。

加齢が出産にマイナスだと知っていても、どうにもならない人は多いでしょう。大好きで信頼していた男性に、ある日突然裏切られ、捨てられてしまった人。生まれつきナイーブで異性とうまく付き合えない人。ルッキズムはびこる社会の中で自信が持てない人などなど、晩婚・未婚の理由は多彩です。にもかかわらず、まるで無知だ努力不足だ高望みだと言わんばかりの、婚活・妊活の大合唱……。責められる彼女らはいったい、どんな思いをしていたのでしょう。

現代の女性は30歳になると社会の逆風を受け、心が冷え冷えしてきます。30代中盤にもなれば、心はささくれ立ってくるでしょう。そして、40歳が近づくと、絶望感まで芽生え出す……。

何よりも、こうした「婚活」「妊活」の多くが女性にばかり課された十字架であり、男女の非対称性を象徴しているということに、どれほどの人が気づいているでしょうか。

30歳過ぎの未婚女性を鞭打ったNHK

婚活・妊活ブームのさなか、NHKのクローズアップ現代が、その風潮を煽るような番組をつくりました。2016年10月26日放送の「〝老化〟を止めたい女性たち～広がる卵子凍結の衝撃～」がそれです。いわく、40歳になったら高度医療を使っても、採取した卵子から体外受精で子どもを授かる確率は8・8％しかない、というもの。いわゆる「早く嫁げ」「早くつくれ」論の極め付けと言えたでしょう。

その反響は世間を〝開明〟させた半面、30歳過ぎの未婚女性を鞭打ちました。番組放映後、男児を持つ親御さんから、「30代の女性と結婚してはだめだ」「女として賞味期限切れだ」という心無い発言が相次いだと報道されています。こうした感情は、親だけでなく男性本人にも、「結婚するなら若い女」という刷り込みを大いにしています。

それでもまだ、この「8・8％」という数字が正しかったのなら納得もできるのですが、データや結論までの構成には多々疑問符がつく内容でした。

年齢とともに受精・妊娠・出産の確率は下がり、障碍の発生や不妊の比率が上がることを否定する人はまずいないでしょう。

ただし、受精・妊娠・出産確率の低下は、思っているほどではありません。自然妊娠で30歳の出産可能性を100とした場合、40代前半なら（出産までのプロセスは難航するでしょうが）70か、もしくはそれ以上あるというのが多くの先行研究の示唆するところです。

この話については、のちほどじっくり説明しますが、その前になぜ、NHKは「8・8％」とミスリードしたのかを考えることにいたしましょう。

「8・8％」は実相とは異なるトンデモ論

40歳を過ぎると8・8％しか出産できないという数字ですが、これは、体外受精1回あたりの出産に至る確率です。

まず、世の中には不妊治療などせず、自然妊娠している40代が多々いるということ。いや、不妊治療者よりも、自然妊娠のほうが圧倒的に多いのです。日本では2020年に4万8517人の人が40歳を超えて出産をしています。そのうち、不妊治療患者は1万3235人。残りの3万5282人は自然妊娠。つまり、7割以上が自然妊娠なのです。

出産確率「8・8％」は、全体数でいえば3割弱の不妊治療者たちの確率にすぎません。

いや、体外受精治療においても、40歳だと「8・8％」しか子どもが持てないというのは誤りです。これはあくまでも、1回の治療で出産に至る確率にすぎません。何回も治療を行うことで、その確率は当然、累積していきます。

さらに言えば、これから体外受精治療を始める人たちは、1回あたり「8・8％」より相当高い出産率になるはずです。

その理由は、こうした治療実績には、30代の頃から不妊治療を続けて、それでも子どもができず40歳になった比較的症状が重い患者の割合が高くなっているからです。軽度の不妊症であれば、早々に治療に成功し出産するため、そこで治療は終了します。そのため、軽度の患者は途中で抜けていき、40歳以降でも不妊治療を続けている人は、重度の割合が高まっているのです。今まで妊活をしていなかった人が、40代になって不妊治療に臨んだ場合、ここまで確率が低くはならないでしょう。

加えて、さらにまだ問題があるのです。こうした患者たちが、治療とは別に、通常の夫婦生活の中で自然妊娠し、治療を終了させる割合がけっこうあるのです。出産確率8・8%というのは、こうした「産み抜け」組をカウントしない一次資料の単回治療においての数字なのです。

どうですか？「8・8%」などという話はまったく実相とは異なり、いたずらに焦燥感を煽る内容だと理解いただけたのではありませんか。

図表36　40歳以上で第一子を出産した著名人

53歳	坂上みき
50歳	ジャネット・ジャクソン、野田聖子
49歳	小松みゆき
47歳	キャメロン・ディアス
46歳	戸川昌子
45歳	ジャガー横田、華原朋美
44歳	加藤貴子、林真理子、兵藤ゆき、金田朋子
43歳	上原さくら、水野美紀、田中美佐子、NANA（MAX）
42歳	長山洋子、落合信子、赤江珠緒、滝川クリステル
41歳	相田翔子、はしのえみ、浜崎あゆみ、坂井真紀
40歳	杉山愛、財前直見、伊藤さおり、松嶋尚美、膳場貴子

40代前半の不妊治療者の出産率は5割

概略がわかったところで、詳細なデータを見ていくことにしましょう。

図表37　**40代の不妊治療の実績**（累積成果）

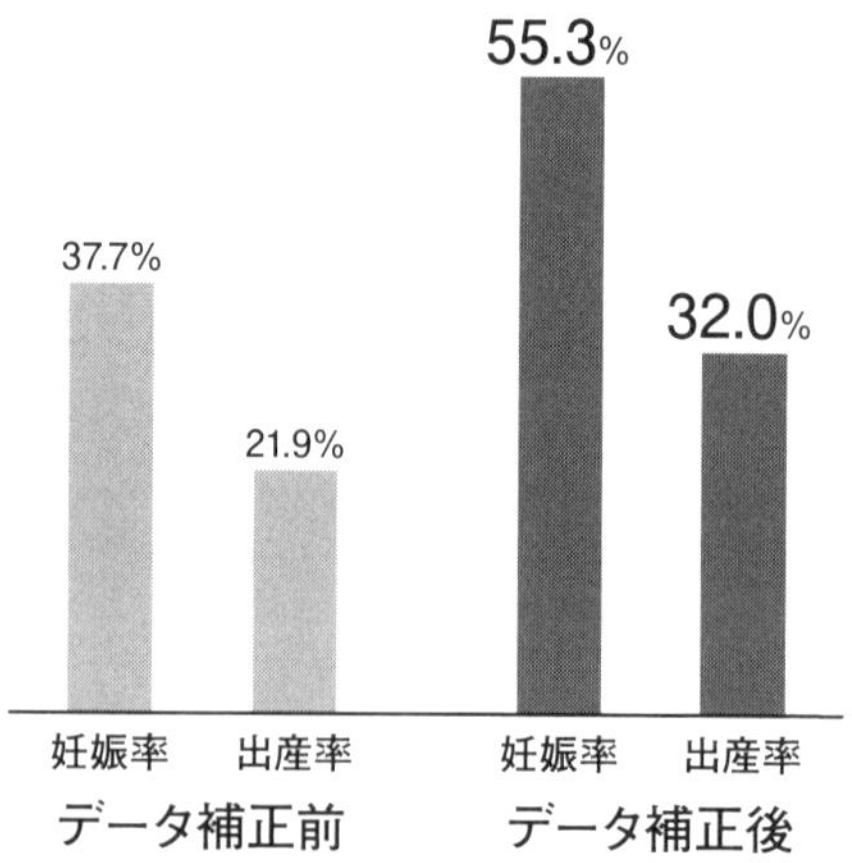

出典：厚生労働省「不妊に悩む方への特定治療支援事業等のあり方に関する検討会」／見尾保幸氏データ（補正後）は、「中途放棄者」を除いて算出。

NHK番組の資料ともなった厚生労働省の「不妊に悩む方への特定治療支援事業等のあり方に関する検討会」（2013年）にて、きちんとしたデータが示されています。

①不妊治療を30代から続けていた人を除き、「40代で初めて治療開始した人」を対象とする。

②1回の人工授精ではなく、何度も治療を繰り返した結果、出産できた人はどのくらいになったか、を調べる。

③途中で治療を放棄した人（少なからず自然妊娠の可能性がある）を除き、きちんと治療を続けた場合の数値を出す。

結果は図表37のとおりとなります。ちなみに、この数字は、同検討会に出席していた元JISART（日本生殖補助医療標準化機関）理事長でミオ・ファティリティ・クリニック院長の見尾保幸先生の治療データをもとに作成されています。

このデータで見ると、治療継続患者のうち、妊娠に成功した人は55・3％、出産まで至った人は32％となっています。ちなみに、2014年版の治療データでは数字はさらに伸びて、40代前半の妊娠率は73・1％、出産に至る確率も5割近い数字となっています。

ただし、再度言いますが、これはあくまで「不妊治療を受けている人」の出産確率です。これとは別に、自然妊娠で出産に至った人が、この3倍近くもいるのです。

40歳女性の7割以上が自然妊娠での出産が可能

では、果たして40代の女性は、30代と比べてどの程度、妊孕力《にんようりょく》（子どもを産める力）があるのでしょうか。過去、調査研究がいくつも実施されているので、その状況を振り返ってみましょう。

大規模な調査研究として古いものでは、不妊治療などがほぼなかった1963年にフランスのアンリ（Henry）が行ったものがあります。これは、夫と妻を合わせたカップルで見た不妊割合なのですが、20歳で3％→25歳で5％→30歳で8％→35歳で15％→40歳で32％と加齢に応じて確かに数値は上昇しています（出生力調査なので、流産した場合も不妊に入る）。

ただし、これは夫婦での不妊割合のため、この中には夫側のみの

図表38　**自然出生力集団における既婚女性の年齢別、夫婦の不妊割合**（%）

既婚女性の年齢	20歳	25歳	30歳	35歳	40歳
夫婦の不妊割合	3	5	8	15	32

出典：Henry,Louis (1965) “French Statistical Research in Natural Fertility,” p.338.

不妊原因も含まれています。少なく見積もって4分の1は不妊原因が夫側のみにあると言われるので、それを差し引くと、40歳女性の不妊率は25％程度でしょう。

不妊率25％という数字は、20代の3％と比べて跳ね上がっているように見えますが、一方でこの25％を引いた75％の女性は40歳でも出産可能と言えます。不妊治療がほとんどなかった1960年代でも、7割以上の女性が普通に出産できるというこの結論は、以後の調査・研究でもたびたび示唆されます。

アメリカの研究でも「40代前半女性の不妊率は28・7％」

続いて、アメリカのメンケン（Menken）たちの1986年の報告を見ていきましょう。メンケンたちは、1965年の全米出生力調査（The National Fertility Survey）と、1976年、1982年の全米家族調査（the National Surveys of Family Growth）の3つの調査結果から、不妊の割合を導いています。

この中では不妊治療を受けた人や避妊中の人を除外しているため（その中にも不妊の人はいる）、不妊の割合を示す数値に多少の誤差が残るのですが、おおよその目安となるのは確かです。

この調査によると、20代前半の女性の不妊率は7・0％、30代前半は14・6％、30代後半は21・9％となり、40代前半には28・7％となっています。こちらでも、40代前半の71・3％が不妊ではないという数値が示されていますね。

ちなみに、ダメ押し的な傍証も一つ挙げておきます。2022年12月19日のNHK「あさイチ」は、2020年の40代妊娠中絶件数は1万4522件にも上る（厚生労働省「衛生行政報告例」）ことを取り上げました。これは10代よりも多い数字だそうです。「40代は妊娠などしない」といった誤解から避妊を怠り、こうした「思わぬ妊娠」が生まれていると、番組では示唆していました。

先ほど示したとおり同年における、40代で不妊治療から出産した子どもの数は1万3235人です。「中絶件数」がそれを上回っているのは皮肉なことでもあり、またそれだけ、40代の妊孕力が高いとも言えるでしょう。

図表39　**結婚している女性の不妊症の割合**

年齢	不妊症の割合（%）
20～24歳	7.0
25～29歳	8.9
30～34歳	14.6
35～39歳	21.9
40～44歳	28.7

出典：Menken et al. (1986), “Age and Infertility,” p.1392

現代医療を加えると出産可能性は9割か

ここまでは、不妊治療がほとんどなかった時代の「出産する力」を調べてきました。複数の調査研究より、それは、40代前半でも7割以上の人が持ちうるということは理解いただけたでしょう。

今日では、これに高度な不妊治療が加わります。40代前半の不妊症患者（全体の3割弱）に不妊治療を施した場合、前述の厚労省2014年データにあるとおり、彼女らのうちの5割が出産に至るとすると、最終的には85%以上の人が子どもを授かれることになるでしょう。

現在は、2014年時点よりも格段に不妊治療が進歩しています。40代前半であるならば、女性が希望した場合、9割近くが子どもを授かれるというのが実情ではないでしょうか。

ただ、それでも20代に比べれば40代前半は出産確率が落ちていることは確かです。そこに至るまでには、20代と比べて数倍の努力や期間が必要になるでしょう。「大丈夫」という安心感で、機会ある人が安易に後ろ倒しするのは憚《はばか》られるべきと付け加えておきます。

今までの調査研究から導き出される結論は、40代前半であれば、7割の女性は自然妊娠で出産ができるということです。一方、不妊患者の率に関しては、20代なら数%のものが、30代中盤だと15%、40代前半だと30%弱へと上がっていく。これはつまり、「不妊可能性のある人は、加齢とともに劇的に出産確率が下がる」ということではないでしょうか。

もしそうだとするなら、相当早い段階で、自分は「不妊系に入るかどうか」を検査することが大切だと言えるでしょう。

ところが、現状広く普及しているAMH法やFSH法などの不妊検査は、確度に大いなる問題があります。そこで、不妊検査法の早急なる開発・普及が望まれるでしょう。

昨今では、遺伝子その他、さまざまな不妊予測因子が見えてきました。日本政府としてはここに政策投資し、いち早く、リーズナブルに検査を受けられるようにしてほしいところです。もちろん、こうした検査を健康診断などで「強制」するのではなく。あくまでも希望者に限定し、そして、女性だけでなく男性の不妊検査も実施すべきと考えています。

2. 日本では長らく40代出産が当たり前だった

相手がいる若い人がいたずらに出産を遅らせる必要はないが…

女性は30歳になると、出産適齢期という重石が心の中で軋《きし》み出すと、前項で書きました。ただ、よく調べると、言われるほど40代の妊孕力は下がっていないということも、おわかりいただだけたでしょう。

この話を書くのに、私もためらいがありました。

世の中で言われるとおり、若いうちのほうが出産確率は高い。出産後の体調なども含めて考えれば、間違いなく出産は若いうちにしたほうがいいでしょう。だから、相手がいて産む余裕のある女性に、出産を後ろ倒しすることを私は勧めません。

ただ一方で、考えてほしいことが二つあります。

まず、相手が見つからず、35歳になってしまった女性はどうしたらよいのでしょうか？　現状だと、もう焦りと諦めの気持ちに押しつぶされそうな状態です。

世の医師もマスコミも、「40歳過ぎたら出産は困難」という主張が大勢でしょう。でも、その困難というのが、どのくらいの確率なのか。若いときに100だったものが10か20に落ち込む……と過度に悲観的に考えがちです。そんな「イメージ」でなく、しっかりデータで示すべきというのが私の意見です。

過去の調査を見る限り、40代前半の自然妊孕力は70％以上。ここに現在の不妊治療を加えれば、90％近いというのが、ここまで見てきたところです。

ただ、40歳過ぎて産んだら、どうやって育てるのか？　体力や収入の低下は大丈夫か。流産、合併症、障碍などの確率が高くなることにはどう対処するか。

ここからは、このあたりの話を取り上げていきます。

「早く産むべき」というアナウンスは若い世代に向けて発し、合わせて30歳過ぎた女性たちには現実的なデータ、妊活のコスト、将来設計など別の示唆を用意すべきだと、私は思っています。

図表40　**40代で多くの子どもを産む国**

	年齢別平均出生率（‰）			合計出生率概算
	調査年	40代前半	40代後半	40代合計
マラウイ	2008年	57.8	25.0	0.41
リベリア	2008年	53.5	40.5	0.47
サモア	2011年	69.9	16.9	0.43
スワジランド（※1）	2007年	104.7	75.8	0.90

※上記は平均出生率のため、5倍して合計出生率を概算
佐々木司、別府志海「人口問題研究」78・3（2022.9）pp.431〜438、70・2（2014.6）pp.165〜172をもとに筆者作成
（※1）調査年の2007年時点。現在のエスワティニ

じつは、世界を見渡すと、40代で普通に出産している国が多々あります。

アフリカ南部にあるスワジランド（現・エスワティニ）という国では、1人の40代女性が平均で0・9人以上の子どもを産んでいます。マラウイ、リベリア、ナミビアなどのアフリカ諸国や、サモアのような南洋国でも、1人の40代女性が平均で0・5人ほど子どもを産みます（図表40）。いずれも、先端医療など望めず、不妊治療も進んでいない国で、この数字です。

大正時代の日本では40代初産も多かった

ただ、これは遠い異国の話だし、生活習慣も体のつくりも違うから、そのまま日本人には当てはまらない、と

思う人も多いでしょう。

では、日本人はどうだったのでしょうか。たとえば、大正時代の日本では、40代女性の合計出生率が0・46にもなりました（国立社会保障・人口問題研究所「人口問題研究」）。

「いや、大正時代の40代出生率は、一部の子だくさんの女性が平均値を釣り上げただけで、多くの人は、やはり産めなかったのではないか」「とりわけ、初産で40歳過ぎたら難しいだろう」という指摘がありそうなので、この点についても過去の数字を探っておきます。

以下データは、1940（昭和15）年の調査のものとなります。

こちらでは、40代に子どもを産んだ女性の割合は、32・4％となっています。調査時点の昭和15年は、大正時代よりも出生率が落ち込んだので、当時の政府があわてて調べたものなのです（3割以上の女性が40代に出産をしているのに、「少ない」と言うのです）。

1940年度の調査では、さすがに「初産かどうか」はわかりませんが、それに近いデータがありました。妻の結婚した年齢別に、40歳以降で平均何人出産したかを調べた数字です（人口問題研究第二巻第十号第五表より）。

そのデータを見ると、

20代前半で結婚した人＝0・320人
20代後半で結婚した人＝0・324人
30代前半で結婚した人＝0・340人

30代後半で結婚した人＝0・391人

と、結婚年齢が上がれば上がるほど、40代以降の出産率は高まっています。多分、30代後半で結婚した人の場合、40代でも、初産かせいぜい2子目という人が多いでしょう。それでも、こんなに高い数字を残しているのです。その数字が20代で結婚した人より高いというのも、見るべきところでしょう。

45歳を過ぎると出産率はがくんと落ちる

早婚が普通だった大正時代で、30代後半に結婚する女性とはどのような人だったのでしょうか。たとえば、大店《おおだな》の旦那が愛妾を後妻にするケースなどは、完全な初婚でしょう。一方、地方では、子どもができない夫婦を離縁させて組み換え再婚を行うケースなどがありました。いずれの場合も、結婚後の出産が初産となる可能性が高いと考えられます。

ただ、この時期の統計資料を振り返っても、さすがに45歳を過ぎると出生率はグンと落ちています。40代後半では、閉経を迎える人が多いために、そこで、がくんと出生率は落ちる。そこが現在・過去問わず本当の意味の生物的限界なのでしょう（出産・育児を経験した女性の多くは、妊娠から授乳中は生理が止まるので、その分、閉経年齢が後ろ倒しになり、50歳でも出産することがまま見られます。多産型社会のアフリカでは、こうして50代まで出産を続ける女性が見られます）。

それでも疑り深い人は、「もう100年も前の話で、その頃と今では食生活も体格も違うから」と反論するかもしれません。しかし、本当に年月の変化で女性の体質が変わり、それに伴い、40代の出生率は落ちていったのでしょうか？　いいえ、それは違います。40代の合計出生率は76年前の1948年まで0・3を超えていました。それが、以後1960年までのたった12年で、今よりも低いほどに急激に落ち込みます。

このたった12年の間に、身体・生物的に40代の出生率が急降下したと主張するのは無理があるでしょう。なぜなら、1960年に40〜45歳の女性とは、1948年の時点でもう28〜33歳だったのです。それは、当の昔に成長期を通り越し、心身ともに成人となっていた時期です。にもかかわらず、彼女らの出生率は急降下した。そこには、身体・生物的な変化よりも、社会的・生活的変化があったと思うのが正しいでしょう。要するに「40代では産まない・産めない」という気持ちの変化が、大きかったのではないでしょうか。

とどのつまり、「40代は産まない」という常識も、1960〜80年代につくられた、いわば「昭和の常識」でしかないのでしょう。少子化の背景には、働き方、結婚観、そして出生観、すべてにおいて昭和時代にできた常識が悪戯をしていると言えそうです。

かつて「40代がたくさん子どもを産んでいた」という事実について、専門家でも知らない人が多いのではないか、と私は感じています。私が40代出産の資料を集めるため、専門の研究所に足を運んでいたとき、顔なじみとなった研究者に、「かつて日本は、40代の出生率が0・4

を超えていた」「しかも初産も多かったはずだ」という話をしてみたのです。その際、こうしたデータを知る人は少数、それを調べたことのある人は皆無でした。

厚労省の不妊治療研究会に出ているような医師も同様でしょう。数年前に全国縦断で名医と言われる権威たちを取材したのですが、誰も同様の統計を知りませんでした。

つまり、不妊の権威さえ、40代出産は可能性が低いと、現実以上に考えているようです。こうした常識が、単なる「昭和の遺物」でしかないと、ぜひとも気づいてほしいところです。

学齢は8年、勤続は10年、寿命は20年延びた

最後に、よく考えてほしいのが、女性のライフサイクルの変化です。

その昔、昭和の戦前期は、多くの女性が高等小学校で教育を終えました。この場合、修学齢はたったの14歳です。それが、戦後になり、最終学歴のマジョリティは、中学→高校→短大→四大と変化していき、現在では修学は22歳まで延びています。当然、出会いも結婚も出産も後ろ倒しになってしかるべきでしょう。

ただその代わり、それ以降の人生もどんどん後ろ倒しされています。

昭和50年代まで、女性は早期退職を強いられ、30歳そこそこで定年などという犯罪的な社内規定を持つ企業が多数ありました。男性にしてもその頃の定年は55歳です。それが平成の初め

には60歳となり、現在では65歳であり、今後さらに延びようとしています。

そして、寿命は戦前が60歳だったものが、現在では85歳まで延びている。

学齢8年、定年10年、寿命20年もの違いが生まれています。

「40代になって子育ては体力的に厳しい」という声もよく聞かれます。

ここでまた考えてほしいことがあります。今、熟年世代の人であれば親御さん世代を、20～30代であれば祖父世代を思い浮かべてみてください。その頃の定年は55歳です。だから60歳の人はかなり老けて見えたのではありませんか？

たとえば、昭和の風景を描いた「サザエさん」に出てくる波平さん（サザエさんの実父）は、作中ではなんと54歳！ です。現代であれば、54歳などまだまだ働き盛りとも言えるでしょう。

２０１５年に日本老年学会が「日本人はここ10～20年で5～10歳若返った」という声明を出しています。それは以下のような調査研究によるものです。

・１９９６～２０１１年の厚労省患者調査を用いて、65～79歳の慢性疾患受療率を分析。脳血管障碍や虚血性心疾患が10歳若い年齢群と同等レベルになるなど慢性疾患の受療率が低下していた。
・厚労省の国民生活基礎調査、人口動態調査では要介護認定率、死亡率も低下。秋下氏は「5～10歳の生物学的年齢の低下を示唆する」と分析した。

・東京都老人総合研究所の研究から、65歳以上の身体能力を92年と02年で比較。握力は男性4歳、女性は10歳若い年齢群と同等レベルに向上したほか、歩行速度が男女とも0・1〜0・2m／秒上昇。特に歩行速度についてものすごく大きく改善し、11歳の若返りが認められた。
・国立長寿医療研究センターの研究を用いて知的機能の変化を調査。「現在の70代の知能検査の平均得点は、10年前の60代に相当する」と評価。
・厚労省歯科疾患実態調査から「20本の歯数は57年で男性50代、女性45歳だが、直近では男女とも65歳」と説明。

いずれも、平成初期と後期を比較したものであり、この短期間で、身体はこれほどまでに若返ったと示されています。街中を見れば、ファストフードの店員さんなどは高齢者が主役になっているのが見て取れるでしょう。こんなことも、平成初期にはありえなかったことです。

ちなみに、健康寿命という概念が2000年にWHO（国際保健機関）から提唱されました。医療や介護に依存せずに生きられる年齢のことを言いますが、日本では2001年からこの数値を発表しています。直近2019年と2001年を比べると女性は3・2歳ほど延びています。昭和の頃にこの数字があったなら、7〜8歳は延びていたでしょう。

結婚、出産、育児が10年後ろ倒しになっても帳尻が合う

そう、結婚、出産、育児がそれぞれ10年程度後ろ倒しになったとしても、人生は帳尻が合うのです（もちろん、それでも結婚も出産も嫌な人はそれでかまいません）。40歳で結婚して、45歳までに子どもを産むのでも、人生は帳尻が合います。

それは、昭和期に30代前半で子どもを産むのと人生設計的にまったく違いがありません。

逆に、若年で子どもをもうけると、寿命が延びた現在では、将来「老老介護」となる心配さえあります。

それでもまだ「女性は更年期障碍があるから大変」という声が出そうです。が、それこそ、昭和のようなワンオペ育児をせず、夫婦で力を合わせて解決すればいいのではありませんか？

ここでは、政治や行政に携わる人にも、もの申したい。

少子化対策を考えるなら、40代前半の出生率を戦前並みに戻すことも一策でしょう。それだけで、出生率は0・3ポイントも上がります。大正並みなら0・4ポイントアップにもなります。

「早く産むべき」は、30歳までの女性に言うべきであり、三十路で苦慮する女性たちに、より有意義で温かいメッセージを、ぜひ発信してください。

3.名医たちの温かな手

今こそ知っておきたい不妊治療

ここまで、40代でどれだけ産めるのか、という話を書いてきました。要約すれば、自然妊娠でも7割の女性が出産可能であり、高度医療を用いればその確率は9割に近いということです。

ここからは、日に日に進化する不妊治療の最先端に迫ろうと思います。

さんざん「早く嫁げ」「早く産め」と言われてきた女性たちにとって、「40歳、産めます」という話は、心地よさを通りすぎて、どこか胡散臭く感じられるのではないでしょうか。

その理由の一つは、妊娠出産のメカニズムや不妊治療についてよく知らないことにもあるでしょう。そうした疑問を解消するために、以下、総括的にまとめます。

妊娠はどのようにして起こるのか、そして、それをサポートする不妊治療というセーフティネットについて知ることで、視界はより晴れるでしょう。そして、何歳のときに何をやっておくべきか、準備もできるはずです。

受精から着床までには6日かかる

最初に、受精～妊娠のメカニズムをプロセスに沿って説明していくことにしましょう。

まず、夫婦の営みによって膣内に発せられた精子は、そこから頸管《けいかん》へと上っていきます。この第一関門を通り抜けると卵管に到達し、そこで、卵巣から排卵された卵子と出会うことになります。つまり、受精は卵管で行われます。

そうして受精した卵は、ゆっくりと卵管から今度は子宮へと移ります。だいたい4日くらいかけて子宮に到達し、そこからまた2日くらいかけて、子宮内でしっかり定着します。これが着床です。着床したことにより、初めて妊娠と認められます。

この一連の流れのどこかに問題があると、妊娠できない状態となります。

その原因は体だけにあるわけではありません。単に、性交と排卵の周期が合っていない場合も多いのです。そこでまずは、性交周期の指導（タイミング法）が行われます。

続いて、精子が卵管に到達できないという問題が考えられます。これは、その通り道にある頸管や卵管の一部が閉塞していたり、ホルモンの状態が悪いため精子を殺してしまう、または精子自体の運動能力が弱い、などの理由が考えられるでしょう。

この場合は、夫の精子を採取し、頸管を越えて卵管上部にまで注入するという方法（ＡＩＨ＝人工授精）で、受精を促します。

それでも結果が出ない場合、体外にて、精子と卵子が出会う場を人工的につくることになります（生殖補助医療＝ＡＲＴ）。これにもいくつかの段階があります。

旧来実施されていたのは、卵子と精子を取り出し、それらを受精させ、そのまま卵管に戻すという方法（ＺＩＦＴ）でした。確実に出会ったら、あとは体内メカニズムに任せるのです。

ここから進歩して、受精した卵を培養してから、卵管ではなく子宮に直接戻す方法（胚移植法）が生まれ、今ではこちらが一般的と言えます。

さて、卵子と精子を出会わせても、自然の成り行きでは受精しないこともあります。

たとえば、精子の運動能力が極端に弱い、精子の数が少なすぎる、卵子の卵殻が硬いなどの場合です。そうしたときには、顕微鏡で観察しながら精子を卵子の中に打ち込み、卵核に到達させることで受精確率を上げる方法（ＩＣＳＩ）が選択されます。ここまで行うことで、受精確率はかなり高くなりますが、それでも１００％には遠くおよびません。

こうして、体外で受精した卵を今度は子宮に戻す（移植）のですが、それにも、二通りの方法があります。一つは、２日程度培養したあとに子宮に戻すという早期移植。この方法でうまく着床しない場合は、４～５日培養して、胚の周りに外壁ができた状態（胚盤胞《はいばんほう》）にて戻します。

説明したとおり、自然妊娠でも子宮に着床するのは、受精後５～６日かかります。ですから、体外受精でもこの状態まで育てて、子宮に戻したほうが確率は上がります。

卵子を一度にたくさん採取する

話が前後しますが、体外受精をするためには、まず卵子を採取（採卵）しなければなりません。そこで、排卵誘発剤を使って卵巣の活動を活発にし、卵子を成熟させて採卵することが必要となります。

その際、卵子は複数採取されます。一度にたくさん採る、と聞くと不安を抱く人も多いでしょう。ただ、体内には卵子になる予定の卵母細胞は万単位であり、通常の排卵周期でもその中の数十個が目を覚ましていきます。しかし、その多くは卵子となりえず、結局、体に吸収されていく。体外受精の場合はそうした使われず吸収される卵母細胞を卵子にまで育て、採卵します。だから、通常のサイクルを効率化しているだけなので、「採りすぎでなくなる」という心配にはおよびません。

30代中盤であれば、一回で10個以上、採卵できることも少なくないでしょう。30代後半以降になると採卵数が減りがちなので、排卵誘発剤が使われることになります。それらに対して体外受精を行うと、複数の卵子が受精します。この全部を一度に子宮に戻すのではなく、いくつかは凍結して保存します。そして、子宮に戻した受精卵が着床しなかった場合、次の排卵周期に凍結した胚（受精卵）を戻します。

ちなみに、凍結などすると、うまく妊娠できないのではないかと不安になりそうですが、現実は逆で、凍結胚のほうが着床率は高く、妊娠に成功しているのです。その理由は、排卵誘発剤を打った直後だと体内にその影響が残るため着床率が悪く、凍結をしてしばらく時間が経ってから戻したほうが（体も回復し）率が上がるからではないか、と考えられています。

レシピではなく、個人に合わせた治療を

プロセスごとにこれらの多様な施術を施して、確率が上がるよう、不妊治療は進化してきました。ただ、その歴史はそれほど長くありません。ここに挙げた施術の多くが、40年前には、なかったものばかりです。つまり、まだ発展途上であり、治療成果にも、施術に関する方針にも医師による違いが見られます。

参考までに、「不妊治療の名医」と呼ばれる医師たちに、その得意とする治療法や医療に関する考え方について、以下、聞いていくことにいたします。

まずは、卵子の若返り（細胞質置換）や無精子症男性の精子培養などに実績を持つ、北九州の折尾にあるセントマザー産婦人科医院の田中温院長です。

田中先生は、「卵巣の活動を活発にし、卵子を育てるプロセスが大切だ」と話します。「受精する力、育つ力、着床する力。その多くが卵子の状態にかかっているのです。だから、元気な卵子を育てるところに全力投球が必要でしょう。そのためには、いくつかの排卵誘発剤

や超音波刺激などを組み合わせるのですが、レシピに沿った一律な処置では、だめですね。体調、体質、体格で排卵誘発に使う薬や刺激を変えねばなりません。その昔、成功率が悪かったのは、欧米の研究結果をそのまま取り入れていたからでしょう。欧米人と日本人では異なる部分が多いのです。また、同じ人でも、体調や加齢により、それこそ排卵周期が1回異なるだけで処置も変えねばなりません」

同院では体格、年齢、FMH値、AMH値、体質などと治療成果のデータを集め、データ分析により、より確率の高い施術を実現しています。その結果、40歳で体外受精を試みた場合の出産率は、1周期あたり13％にも高まり、通常（8・8％）よりもいい成績を上げていると言えるでしょう。

未成熟卵の採取と培養

一方、体外受精で定評があり、日本産科婦人科学会でPGT－A（着床前胚異数性検査）とPOI（卵巣機能不全）の両小委員会の委員も務めるIVF大阪クリニックの福田愛作院長は、卵子を取り出す（採卵）技術の重要性を唱えています。

「体外受精では卵巣から卵子を取り出します。卵巣の位置や卵胞を取り巻く環境によって採卵が困難な場合があります。とくに40代を超え採卵できる卵子の数が減ってきますと貴重卵子と呼ばれます。そのような場合でも豊富な経験に基づき確実に採卵を行っています。

私たちは未成熟卵子の体外受精（ＩＶＭ）も実施しています。ＩＶＭは採卵の難しさから世界でも限られたところでしか実施できません。ＩＶＭは卵巣刺激を行うと卵子が15個以上採れるような、卵巣過剰刺激という危険な副作用を伴う患者さんに行います。通常の体外受精の3分の1ぐらいの大きさの卵胞を穿刺《せんし》し卵子を採ります。この卵子を体外で成熟させてから体外受精を行うものです。

当院は、ＩＶＭで２００名近いお子様が生まれている世界でも有数の施設です。特殊な採卵技術を要しますが、ＩＶＭは体外受精と同様に保険適用されます。このように採卵技術の高さに基づいて、通常の体外受精では成果が出なかった方の場合も治療成果を上げています」

自分に対して条件付きの愛をやめる

『卵子はよみがえる』など不妊治療に関する著書を多数発表されている、ウイメンズクリニック南青山の小杉好紀院長は、40代からの妊娠・出産について印象的な言葉で語ってくれました。

「もうそろそろ、あなたを許してあげてもいいのではないですか――。

不妊に悩む人は、一生懸命がんばりすぎるきらいがあります。逆に、40代でも自然妊娠するタイプは、あっけらかんとしていてマイペース。

がんばりすぎれば、体全体のバランスが崩れてしまいます。不妊というのは、その一つの現れであり、それ以外にも体の至るところで問題が起きているのです。

がんばりすぎの人は、自分に対して条件付きの愛しか持てなくなっています。周囲の期待に応えるべく高い目標を持ち、それができたときだけ自分をほめる。達成しなければ悩み悔やむ。

不妊もまさにそうでしょう。親、パートナー、そして自分。三者そろって体に過剰期待する。これではバランスがどんどん崩れてしまいます。

そんな条件付きの愛をやめ、代償を求めない愛で自分を受け入れる。最新治療はもちろん重要ですが、その前に、あなたを許してあげることが重要です」

すでに書いたように、アフリカのエスワティニ（旧スワジランド）では今でも40代女性が平均0・9人もの子どもを産んでいます。リベリアやサモアでもその数字は0・5人に迫る。大正時代の日本も同様に0・46人を産んでいました――それは、現代の日本よりも、無理せず自然に生きていける社会だからこそ、可能だったのかもしれません。

4．上を向いて歩ける未来

精子がつくれない男性でも子どもを持てる

不妊治療の歴史はまだたった40年――その間、技術は大きく進化を遂げ、近年ますますその勢いを増しています。今、夢のように思うことが、10年後には当たり前になっている可能性も高いと言えるでしょう。その一端をここでお見せし、将来を考えていくことにします。

女性の不妊症治療の話ばかりを書いてきたので、男性側にも目を向けてみましょう。実際、不妊は、3分の1が女性にのみ責任があり、3分の1が男性にのみ責任があり、残りの3分の1は両方に責任があると言われています。男性側の不妊症はかなり大きな問題なのです。

男性の不妊症の多くは、精子の運動能力が弱い、精子の数が少ない、精子のかたちがおかしいなど精子の問題と言えます。このうち数や運動能力の問題については、顕微授精（ICSI）で精子を卵子に打ち込むことにより、その多くが解決できました。

ただ、症状が重く「精子が見つからない」という患者もいます。その場合は、精巣内に存在する精子を回収することで、人工授精を可能にする方法が編み出されました。

これらの施術で非常に多くの男性不妊が解消されたのですが、中には精巣内にも精子が見つからないという重症な患者もいます。こうした場合は、精巣から精子になる前の細胞＝前期精子細胞（円形精子細胞）を摘出し、それを培養して精子に育てる方法が世界各国で研究されてきました。この方法でセントマザー産婦人科医院が成功し、実績を積み上げています。

ここまで重症な男性不妊患者は、１０００人に3人と言われています。彼らも、自分の子どもがつくれる可能性が高まっているのです。同医院では30年近くこの治療法を行い、５００人以上が誕生しています。

臨床成績をさらに向上させようと取り組んできましたが、長らく成果はありませんでした。ところが数年前にその原因がわかりました。田中院長は解説します。

「円形精子細胞の核タンパクと精子の核タンパクは違うことがわかりました。この違いにより、遺伝子発現が変化し成績が向上しなかったのです。現在は遺伝子発現を正常にする薬が見つかり、動物実験ではほぼ正常の精子と同様になるという報告が出ています。私たちも動物実験を行っていますが、この薬はゲノム編集の観点から臨床応用には使えません。現在、基礎研究の申請を厚労省に出しており、認められれば基礎実験を行い、臨床応用への道につなげていきたい考えです」

卵子を若返らせる技術

卵子の若返りについても、セントマザー産婦人科医院が2009（平成21）年に実験レベルで成功しています。ただ、こちらは卵子全体を若返らせるわけではありません。卵子のうちの、遺伝的要素の大部分を決める卵核とその周辺部をうまく切り取り、それを、別人の若い卵子に移植する、というかたちで、卵核とその周辺部以外を若返らせる、という方法です。これを、細胞質置換と呼びます。

この実験に成功しているのですが、ゲノム編集にあたるため、臨床応用は認められていません。セントマザー産婦人科医院の田中院長は、「現時点ではミトコンドリア病の症例のみに臨床応用が認められ、老化卵子に対しては認められていませんが、将来的には可能性があるかもしれません」と言います。

理論上は60歳での妊娠が可能

順天堂大学大学院医学研究科産婦人科教授で医師の河村和弘さんは、2013年、聖マリアンナ医科大学病院の生殖医療センターに在籍していた際、閉経後の女性の妊娠～出産を成功に導きました。閉経後であっても、卵巣には、卵子になるはずだった原始卵胞というものが、まだかなり残っているのです。その細胞を活性化させることで、再び成熟卵子をつくり、体外受精により妊娠、というのがその手順となります。河村先生に詳しく聞いてみました。

「その患者さんは、30代にもかかわらず月経が終わるという早発閉経の方でしたが、50歳頃で生理が止まる一般的な閉経でも、同じ手法で妊娠に導くことは可能です。閉経直後であれば、原始卵胞はまだ1000個近く残っている人が多いのです。それが、だんだんと体に吸収され、ある程度の期間でゼロとなってしまう。その前の閉経後比較的早い時期であれば、かなり確率が高く、この方法は使えるはずです」

——先生の手がけた症例数から見ると、原始卵胞がしっかり残っているケースでは5割が採卵に成功しているそうですね。

「この方法は、卵巣の中の原始卵胞に刺激を与えて、成熟した卵子へと成長するように活性化したあと、小さな断片にした卵巣を卵管の漿膜《しょうまく》という薄い膜と卵管の隙間または残っている卵巣に移植して一度戻します。そのあと成熟卵子まで発育させるのは卵管と残っている卵巣なのですね。だから、そこに問題があるとうまく育たないケースが出てしまいます」

——ということは、高齢で卵管も弱っている場合は難しいのでしょうか。

「いいえ。卵管や子宮は女性ホルモン＝エストロゲンを適量、与えれば機能します。閉経後で一度活動を終えた卵管や子宮でも、また機能し始めます」

――だとすると、閉経直後に卵巣をきちんと保存しておけば、あとになって、たとえば60歳でもこの方法で子どもがつくれるということですか。

「理論的にはそうでしょうね。ただ、移植した卵巣から採卵を行い、体外受精をします。卵子の老化により体外受精から出産に至る確率は、ご存じのとおり加齢で下がっていきますので、当然、出産できる確率は下がります。また、妊娠に関係する深刻な合併症も高齢の方では起こりやすくなります。そしてもう一つは、60歳で出産して本当に幸せか、たとえばその子の成長を見守れるか、などの問題が残りますが」

現在主流の出生前診断NIPT

そろそろ40代前半でも出産できる確率はかなり高いと納得いただけたでしょうか。ただ、それでも、加齢とともに子どもに障碍が発生する確率が高まるという不安は残ります。この点に関しては、正直、生命倫理的に「正解」と言える示唆はできませんが、現時点での対処法を書かせていただきます。

障碍があるかどうか、産まれる前に調べるには、大きく分けて二つの方法があります。それが、着床前診断（PGT）と出生前診断（NIPT）です。似た言葉ですが、この二つは大きく異なり、受診者の心の負担もかなり違います。

まずは、旧来から行われている出生前診断（FISH法）について、説明をいたします。

出生前診断はその名のとおり、出産する前の子宮に宿る赤ちゃんに対して行う診断です。従来は子宮内の羊水を採取して検査を行っていました。この方法にはさまざまな問題があります。

第一に、検査時期が妊娠15週からになること。そして検査に3週間ほど時間がかかること。合わせると、診断結果を知るのは妊娠18週以降となってしまうのです。

そして、FISH法は、その精度にも問題がありました。また、羊水採取時に受診者は痛みを感じることがあり、まれに流産に至ることもあったのです。

こうしたことから、昔は高齢出産でも羊水検査を受けないという人が多かったものです。

対して、新型NIPTでは通常の血液検査と同様に、母親から採血することで診断が可能です。そのため、羊水採取のような痛みや流産の可能性もありません。しかも感度（異常の有無を探知する）・特異度（正常かどうかを探知する）ともに非常に高い数値を出しています（※1）。

そして、妊娠6週目から受診ができ、診断結果も早ければ1週間で出ます。

検査をしてわかる主な染色体疾患は21トリソミー（ダウン症候群）、18トリソミー（エドワーズ症候群）、13トリソミー（パトー症候群）ですが、最新のNIPTではすべての染色体を調べたり、微小欠失症候群など、これまで調べることができなかった染色体疾患も検査可能になりました。

現在では妊娠初期にこのNIPT診断を受け、陽性の場合、確定検査（マイクロアレイ法）を行うことで、障碍の有無が精緻に把握可能です。ただ、その先は、妊娠したカップルの判断に任されることになるでしょう。

ちなみに、障碍が明らかになった人のうち、妊娠継続した割合は3・4％でした（※2）。40歳で妊娠した場合の障碍発生割合は、ダウン症に限っても94人に1人、45歳では24人に1人となります（※3）。

圧倒的多数の人は、診断結果に胸を撫でおろすでしょうが、40歳なら94人に1人、45歳なら24人に1人の割合で、苦渋の選択に直面することがあるということです。

40代前半で出産を考える場合、こうした厳しい現実があることを知り、そして、そのときどうするかまで慎重に考えておく必要があると言えるでしょう。

※1　出生前検査認証制度等運営委員会の追跡調査によると、ダウン症で陽性反応が出た場合の的中率は97・3％（羊水マイクロアレイ法で確定検査を行い、2・7％がダウン症ではなかったとわかる→確定検査後、妊娠継続）となっています。

※2　出生前検査認証制度等運営委員会の追跡調査による。ただし、妊娠継続希望者ははなからこの検査を受けないため、検査後の妊娠継続率は実体以上に低くなっているとも思われる。

※3　梶井正（元山口大学小児科教授）［2011年3月31日］。13トリソミー、18トリソミーは合わせてダウン症の3分の1程度の発生率となる。

着床前診断への異論

着床前診断は、名前が似ているので誤解されそうですが、出生前診断とはまったく異なります。こちらは、体外受精した受精卵に遺伝子検査を行い、問題の少ないものを子宮に戻す施術です。それにより、流産や障碍の発生が抑えられるようになるというものです。

妊娠とは、受精卵が子宮に着床した段階から始まるので、その前の受精卵は正確に言うとまだ「命の誕生」とは言えません。こうした段階で行われる施術のため、患者の精神的ストレスも少ないと言えるでしょう。

もともとこの手法は、障碍の発生を抑える目的ではなく、流産を減らすために考案されました。欧米での歴史は30年近くにもなります。

そもそも、流産はその原因の8割程度が受精卵に問題があるために起こると言われています。卵に正常に育っていく力がなく、途中でコースアウトしてしまうのです。そこで、流産してしまう卵子を子宮に戻さないよう、受精卵の段階で着床前診断が始まりました。40歳を超えると流産の確率は高まるので、着床前診断は重宝されています。

この検査はアメリカやタイで早くから導入されていました。2010年頃にはイギリスとドイツでも認可され、それ以降、40代の出生率が50%近く上昇した、というデータもあります。

高齢で不妊治療をする女性にとって、力強い味方となってくれる可能性が高いでしょう。

ただし、異論はあります。

たとえば、受精卵といえども一つの命である、という意見。

また、受精卵に手を加えて診断を施すために、安全性が確保できるのか、という意見。

そして、「命の選別」という問題――流産確率が高いと診断された受精卵でも、実際には出産まで進めるケースも少数はあるのです。ただ、そうした場合、生後まもなく命を終えることが多く、成長できたときでもダウン症などの障碍が高い確率で残ります。とすると、この処置により受精卵を選別することは、すなわち「短命者」や「障碍児」の生きる権利を侵害していることになるというのが、反対の趣旨です。

一方で、体外受精では複数の卵子に施術を行い、受精した卵子のうちどれを子宮に戻すかが、現状は医師の勘に任されています。その際に、今でも子宮に戻されず廃棄される受精卵があるわけです。とすれば、勘ではなく、科学的に最善を尽くしているという考え方もあります。

こうした両論があるため、日本では、着床前診断について、長らく議論が続き、ようやく2016年2月に大規模臨床試験が始まりました。その後2022年、日本産科婦人科学会は対象範囲を広げて運用することを発表しています。

前述したように、イギリスやドイツでは、着床前診断が認められ、40代の出生率が一気に上昇しました。倫理的な面で議論は残りますが、不妊に悩む女性には朗報に他ならないでしょう。

卵子の検査で流産を予測する研究

さて、不妊治療の明日はどうなっていくのでしょうか。

そのヒントとなるような、最先端の研究成果にも触れておきます。それは、受精する前の卵子の状態で流産や遺伝子レベルの病気について、その発生が予測できるというもの。ハーバード大学と北京大学の共同研究として、2013年に発表されました。

着床前診断についてよりよい方法がお目見えしています。

これなら、まだ卵子であり、「生命」以前の段階のため、心理的・倫理的障壁は低くなるでしょう。さらに、着床前診断のように受精卵に穴を開けてその中身を取り出して検査するわけでもありません。受精卵とペアで卵巣に育つ極体《きょくたい》（じきに体に吸収される）を採取して診断します。つまり、卵へのダメージもほとんどないのです。こうした処方が普及すれば、障碍や流産の問題もかなりの部分が解決するでしょう。

この進化形で、スタンフォード大学から2015年4月には、卵子ではなく母親の遺伝子診断で流産確率が高いかどうかわかる、という研究まで発表されています。

こちらは、PLK4という遺伝子が存在すると流産確率が著しく高くなる、というものです。ただ、PLK4を持つ母親は必ず流産するわけではなく、この遺伝子を受け継がない卵子は正常に出産できると言います。将来的には、母体にPLK4遺伝子が見つかった場合、卵子診断を実施し、ＰＬＫ４を受け継がないものを受精させる、という方法で、流産は相当減らすことができるでしょう。

同様に、男性の不妊の主因となっている精子形成障碍についても、その原因となる遺伝子が同定されるようになってきました。その代表がＹ染色体に存在するＡＺＦ（Azoospermia factor）遺伝子です。こちらも検査法の普及が待たれます。

近い将来、男女ともに若年期に検診で自分の不妊確率を知り、早期に手を打つことができるようになっていくでしょう。

高齢でも新鮮な卵子がつくれる「卵原幹細胞」

障碍の問題も、医療の発展で、予防や治療ができる可能性があります。生命科学の領域では、遺伝子の持つ機能のスイッチをオフにする研究が進められています。障碍が発現しないようにすることも、近い将来、可能性が高くなるでしょう。

最後に、究極の話をしておきます。まったくフレッシュな卵子をつくることも可能になりつつあるのです。卵巣の中には、原始卵胞になる前の「卵原幹細胞」と呼ばれるものが存在すると言われてきました。その卵原幹細胞がどうやら見つかりつつあるのです。こちらもハーバード大学などから情報が寄せられています。ちなみに、幹細胞は、失われた細胞を再び生み出して補充する能力を持った細胞です。もし、この手法が確立されると、それこそ、まったくのフレッシュな卵子が何歳でもつくれることになっていく――。

科学は想像を超えるスピードで進化し、過去の常識を覆してきました。子どもを望む女性が悩まずにすむ日も、近い将来訪れる可能性は高いでしょう。ただ、妊娠と出産に関する技術は、生命倫理＝神の領域に足を踏み入れてしまうために、ことは慎重に進めねばなりません。

歴史を振り返れば、ピル、人工中絶、出生前診断や体外受精、着床前診断。みな、慎重に議論を重ねてルールがつくられ、今では普通に、そうした技術と私たちは付き合っています。

40年でここまで来られたのです。これから先も必ず、着実に進歩するでしょう。

世間では「子どもは早いうちに産むに越したことはない」と言います。それは確かに間違いではありません。ただ、その風潮が強すぎて、今の女性は窮屈な生き方をしています。

独身で三十路を迎えた女性の多くは、心のどこかに「不安」や「焦り」や「自責」の気持ちを抱えているのではないでしょうか。これでは人生で一番大切とも言える30代が、とても重苦しくなってしまいます。そんな彼女たちに、伝えたいのです。

世に言われるほど、40歳って可能性がないわけじゃありません。そして、近い将来そのチャンスはもっともっと広がります。

だから皆さんには、ぜひ、上を向いて歩いてほしいところです。

第5章

もう一度、女性が子どもを産みたくなるために

なぜ少子化は止まらないのか。

その理由は、対策のほとんどが、「心」の部分に無頓着だからでしょう。

かつて女性が家に入り、子を産んできたのは、「そうするしか」生きる術がなかったから。経済力を持ち男に頼る必要がなくなれば、必然、未婚化が進むことになるでしょう。

加えて、子どもを産むことで生じるさまざまな負担が、男女非対称性なことも見落とされています。近年ようやくイクメン促進などの政策も板につきました。それはとても大切なことです。でも、女性の苦悩は子どもが生まれる前から始まっている。妊娠時の不自由さ、「出産適齢期」という生物的な制約、そして周囲から受ける「嫁け(いけ)」「産め」圧力。これらすべてが、女性の心の重石になっている……。

一方では、今のご時世でも、「女性は、収入も立場も自分より上の男を選ぶ」という古い結婚観が息づいています。これもやはり「心」の問題でしょう。学歴もキャリアも平等化が進めば、「女性より上の男」は減ります。過去の「心」のままでは、必然、カップルが成り立たなくなっているのです。

他にもまだ、「心」の問題が山積です。

「未婚の父母」「血のつながらない子ども」「性的少数者の家族づくり」……。

日本人がいまだにアレルギーを持つこうした話も、やはり心の問題に他なりません。

ここでは、問題の整理と解決へのヒントを考えていくことにいたします。

1.「30歳の焦燥」から、「女性は二度おいしい」へ

女性のみが抱く「30歳の焦燥」をなくす

今の日本には、「女性は早く結婚して早く産め」という話を言いすぎる風潮があります。確かに、「生物学的に妊娠・出産は若いときのほうが絶対的に有利」であり、そして、「キャリア面でも、体力のある若い時期に出産をしたほうがよい」という考え方は一理あるでしょう。

ただ、こうした「早く嫁げ、産め」論は、社会に好影響をもたらしたでしょうか。

私は、かえって未婚化や少子化を進めているといると思えてなりません。

まず、未婚男性へは、三つの負の影響を与えています。

一つは、付き合っている相手の女性から「早く決めてよ」という圧力を受け、それに嫌気がさすこと。男性は本当に都合がいいものです。自分にとっては、30歳などまったく生物的な制

約にならないのだから、交際相手の女性の気持ちがなかなか理解できません。

二つ目は、「子どもが欲しいなら若い女性に限る」という差別的な意識が強まっていくこと。そして、この延長線上に「親や周囲が30代女性との縁談を忌避する」という三つ目のマイナスがあります。

同様に、未婚女性にもかなりのマイナスが生じると私は思っています。

第一に、プレッシャーで人生がとても窮屈になること。

二つ目は、「わかっちゃいるけど見つからない」という問題。昔は14、15歳で勉強は終わって社会に出られたのが、今は22歳まで学校に通う。必然、30歳までの残余期間は半減しています。しかも、昭和の頃の事務職OLと違い、今は総合職としてバリバリ働く。仕事を覚える時間も長くなり、余暇も減っているのです。

そうして、30歳まで未婚で通した女性は、「もう遅い」と諦め、未婚がどんどん進む。それが現実でしょう。

第1章で紹介した三砂ちづるさんが『オニババ化する女たち』（光文社新書）で「早く産むべき」論を主張してから、早20年です。ところがこの間、初婚年齢も第一子出産年齢も上がり続けています。晩婚・晩産を止めることはまったくできていません。

それでも2015年以降は、晩婚化のスピードが落ちていることから、「抑止力はあった」という声も聞かれそうですが、この話も怪しいところです。晩婚化の大きな要因として、「女

図表41　**女性のライフイベント（平均年齢）**

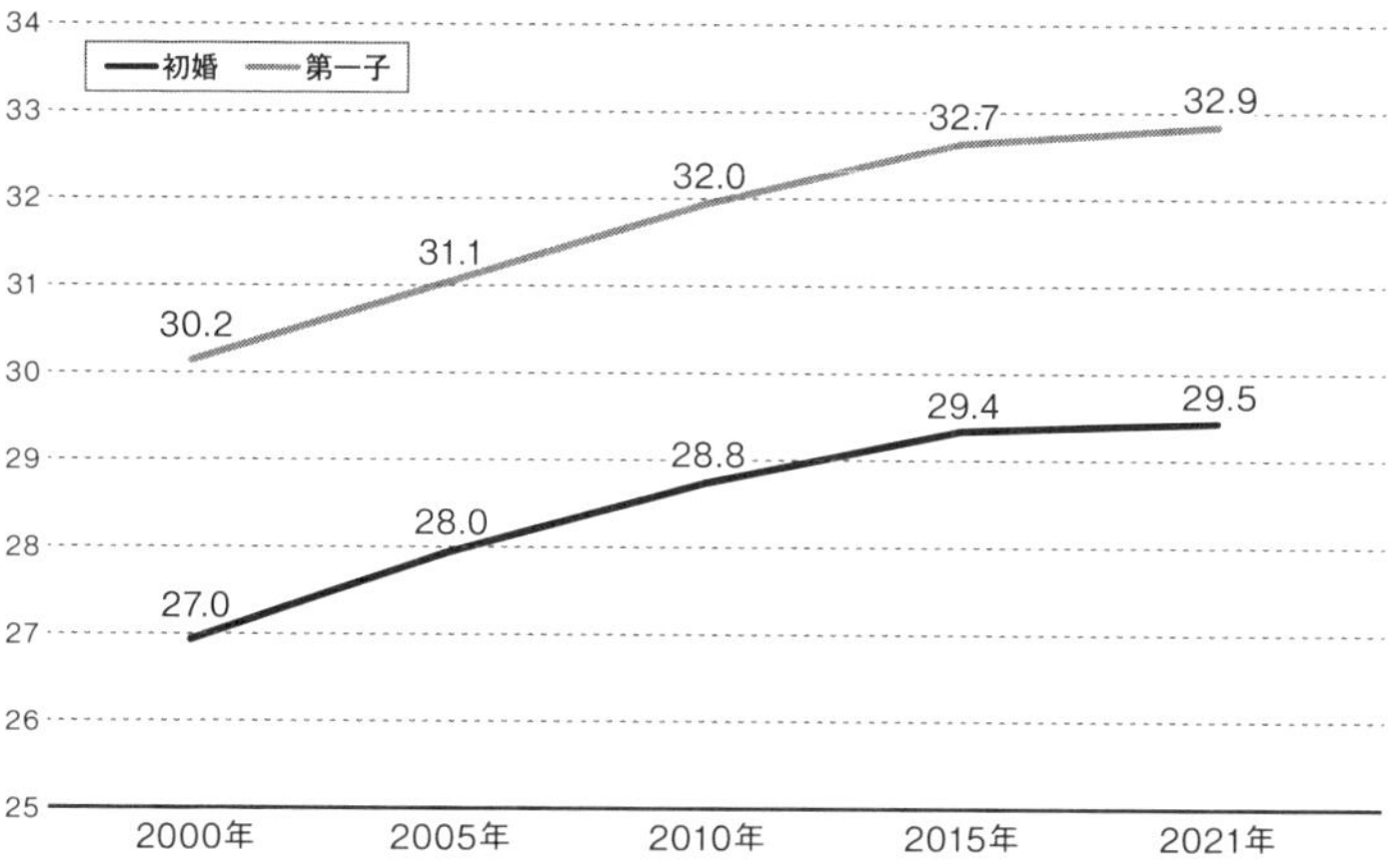

※第一子出産年齢＝「人口動態調査」、初婚年齢＝国立社会保障・人口問題研究所「人口統計資料集」より筆者作成

性の大学進学率の上昇」があることは第3章で示しました。それは1990年代に急上昇しましたが、2005年あたりからスピードダウンしています。大学進学と結婚のタイムラグを考えると、2015年あたりから晩産化のスピードも緩みだしたというだけでしょう。

一方で、この「早く産むべき」論により、「早く嫁げなかった」人たちが諦める傾向は顕著に見て取れます。

30代前半も後半も、過去20年で未婚率が上昇し続け、いまだ天井知らずの勢いです。結果、生涯未婚率の急上昇を招きました。

つまり「早く産むべき」論は、小さな晩婚抑止効果しかなく、逆に大いに縮小均衡を起こしたと振り返れるでしょう。

すでに、30代前半の未婚率は約4割（38・5％）にまでなっています。「早く産め」論者は

図表42　**女性の未婚率**

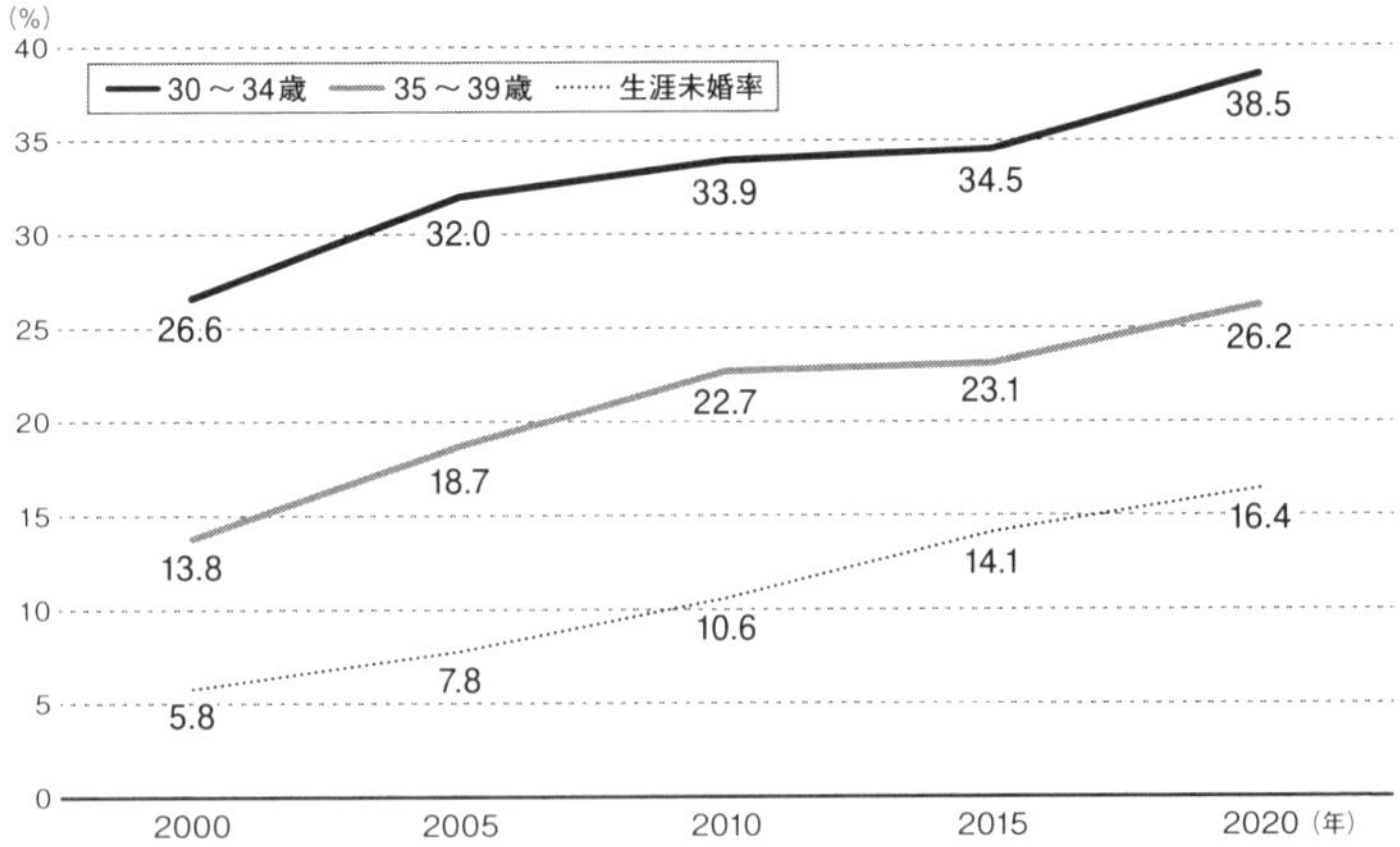

出典：国立社会保障・人口問題研究所「人口統計資料集」

彼女たちに、どんな言葉をかけるのでしょうか？　まさか、「自己責任だ」と突き放すわけにはいかないでしょう。

「40歳産めない」という誤解を解く

何度も言うとおり、「加齢により正常に出産できる割合が低くなる」のは間違いありません。ただ、それは明らかに「言われすぎ」です。

ここまで論文やデータで詳細に検証しましたが、再掲すると以下のとおりです。

・女性の妊孕率は、年齢とともに低下するが、40代前半であれば7割の人が自然妊娠できる。

この話を裏付けるように、不妊治療などほぼなかった大正～昭和戦前期の女性でも、40代の出生率が0・4程度ありました。それも、35歳以上の晩婚者（つまり初産割合が高い層）で出生率はより高くなっています。

・右記の妊孕率はあくまでも「自然妊娠」の場合だ。現状、不妊治療により40代前半だと50〜60％の人が子どもを持てている。とすると、不妊治療まで含めた40代前半の妊孕力は、90％近くになる。

不妊傾向を早く知り、対策を打つ

30代未婚女性（とりわけパートナーが見つかっていない人）には、以上のような情報を伝えることへと、早く産め論をモデルチェンジすべきだと私は思っています。

ただし、こうした話の一方、以下のようなマイナスの話も合わせて伝えることを忘れずに。

・右記の妊孕率は、あくまでも累積値であり、1回あたりの生殖行為で出産に至る確率はかなり低下している。だから、長期間、性交や治療を繰り返す必要があり、努力と根気が要る。

・何より、子どもの障碍や流産などの確率も上がる。ダウン症などの遺伝子障碍の発生確率は、40歳であれば2％弱、45歳であれば5％強になる。

・高齢出産で子どもの障碍がどうしても気になる場合は、ＮＩＰＴ（新型出生前診断）を受けることになるだろう。この診断は妊娠６週目から血液検査でなされる。その結果、40歳であれば50人に１人、45歳であれば20人に１人の割合で陽性判定が下される。そうした場合、子どもの将来について真剣に考えねばならない。

・体外受精の場合は、受精卵を子宮に戻す前に検査して、流産確率が低く、遺伝子疾患のない卵子を子宮に戻すことは可能だ。最近では国や自治体による補助が出る場合もある。ただ、こうした医療も、手間と時間がかかることだけは、心しておくこと。

加齢による妊孕力の低下は、全員一律に起きるものではなく、早期から不妊症傾向にある女性が大きく妊娠・出産確率を下げ、それ以外の人はそうでもない、という傾向が見て取れます。だとすると、若年時に「自分は不妊傾向にあるかどうか」をチェックし、もしそうなら、卵子凍結などの対策を考えるのも得策でしょう。

現在はまだ、自身の不妊傾向を予測できる検査は普及しておりませんが、こちらも前述したとおり、新たな手法は次々と開発されつつあります。

こうした情報をしっかり伝えれば、30代女性の心を覆う暗雲は、かなり晴れることでしょう。

私は30～40歳への５～10年がことのほか大きいと考えています。

妊娠・出産という生物的な制約がない男性は、30歳時点では気ままなものです。

ところが、男性にも結婚を急がせる事情があります。それは、「定年退職」。現在は定年後に雇用延長できますが、それも65歳まで。ここから逆算すると、子どもを大学まで出すには、40代前半がタイムリミットとなります。だから、40歳前後の男性はかなり焦っています。

現状で言えば、男女の初婚年齢には2歳程度の差があるので、40歳前後の男性の相手となる女性は37、38歳が適齢でしょう。だからこそ、「女性は40歳でも産める」という新たなアナウンスメントが重要なのです。そうすれば、「急ぎだした男性」と「諦めなくなった女性」がうまく結ばれる可能性が高まるのですから。

もちろん、何度も言いますが、私は、大いに若年結婚・出産もすべきと思います。ただ、それが叶わなかったとき、焦りと諦めしか残らないという人生はやめにして、その先に、話が進みやすい年代があると、そんなライフコースを考えてみたいのです。

2.「子育ては社会で」を徹底的に実現する

──こども・未来保険という受益者負担の仕組み

男性の育休取得率のまやかし

少子化は、「心」の問題が大きい。そこで、まずは「30歳女性の心の重荷」を取り払う方法を書きました。

次は、かなり直接的な話です。

出産・育児の負担をどのように減らすか、を考えることにしましょう。

まずもって当然の話として、イクメン支援や、男性の育休取得奨励は重要です。この方向でさらに政策を推し進めることが必要でしょう。

ただ、こうした政策ができると、「かたちだけの」点数稼ぎをする企業が出がちです。育休など「1日だけ」取得すれば取得率にはカウントされます。そこで、「とりあえず1日休め」と働きかけている会社をいくつも見てきました。女性はまるまる1年休んだり、保育園に入園できるまで育休を延長する人が多いのに、男性はこんな塩梅がまかり通るのです。

こうしたズルをなくすために、男性の育休取得にはぜひとも「平均取得日数」という指標を設けてほしいところです。

近年の男性の家事・育児参加は昭和・平成期とは比較にならないほど、「当たり前」になってきました。6歳以下の未就学児がいる正社員同士の共働き家庭だと、夫の育児時間が日に73分、これに家事を含めると114分と急増しています。

もちろん、それでもまだ家事育児は圧倒的に女性に偏っています。まったく公平とは言わないまでも、男性があと30分延び、女性はあと30分減る程度には早晩、公平化が望まれるところです。

では、そこから先はどうすべきでしょうか？

もちろん、妻の負担はまだまだ減らすべきです。ただ、それを夫に回していくと、今度は、「それなら子どもは要らない」という男性が増えるでしょう。

であれば、その先は、「社会」が女性の負担を軽くする方向に変わらねばなりません。社会全体が家事・育児を請け負う仕組みをつくることが、急務となっています。

家事育児代行サービスの公的支援は「お寒い」

そのトップバッターとなるのが、ベビーシッターやハウスキーパーなどの家事育児支援サービスでしょう。お金の問題はさておき、まずはこうしたサービスを使うことが「当たり前」で、恥じ入る必要はないと意識の変革を促す政策を打ってほしいところです（これも、やはり心の問題ですね）。

・欧米での家事育児支援サービスの利用状況
・家事育児サービスで育った有名人
・家事育児サービスを使っている有名人

などを積極的に広報・配信するのもいいでしょう。

とりわけ、こうしたサービスを「嫁の努力不足」と見がちな老親世代に向けて、啓蒙的な活動をすることも有効だと思います。

同時に、サービス利用時の助成を急拡大すべきでしょう。

現在でも、国の主導で全国保育サービス協会がつくられ、ここがベビーシッター料金の補助を行っています。協会加入企業の従業員に対して、1枚2200円分の補助チケットが配布されるのです。多くの家事育児支援サービスが、時間あたり2000～2500円程度の料金なので、2200円の補助はほぼ1時間分にあたります。

なかなかいい公的施策なのですが、その予算規模は極めて小さい……。年間のチケット総配布数が39万枚しかありません。現在日本には、0〜5歳児で約550万人もの子どもがいます。一人の子どもにつき年に10回使ったとすると、利用総数は5500万回にもなります。39万枚というのは、2桁以上も少ないでしょう。

政府もさぼっていたわけではありません。近年、配布枚数を急速に伸ばしてきました。ただ、この補助チケットの利用数が思うように伸びないといった「使う側」の問題も大きかったのです。

一つは、こうした「外部」サービスを利用することへの戸惑いがあるのでしょう。たとえば、チケットをもらいに会社の総務部へ行ったとき、窓口の社員から「そんなにもらって……子どもがかわいそうじゃないですか」と言われ、以後、使うのをやめたなどという話を取材で聞いたことがあります。

私は、こうした偏見や軋轢をなくし、爆発的に外部サービスが浸透する方法を、ここで提案します。

それは、「こども・未来保険」という社会保険の創設です。

誰にでも起こりうる問題を「すべてカバーする」公的保険

この話は、岸田内閣で「こども未来戦略会議」の主テーマとして、発表されています。以前からすでに、厚生年金保険料の企業負担分に標準報酬の「0・34%」が加算徴収され、それがこども・子育て政策の財源とはなっていました。それに加えて、新たな社会保険を創設するというのがその趣旨です。

ただし、社会保険化という話には、以下のような不安の声も上がっています。

①「保険」とは加入者の誰にでも起こりうるリスクを分散する仕組みを言う。こども保険は、育児家庭だけが受益者となるため保険とは言えない。

②就労者に広く負担する仕組みをつくれば、「なぜ、子どもがいないのに負担せねばならないのか」という批判が渦巻く。

これらの批判には反論も可能（「おわりに」冒頭を参照ください）なのですが、それよりもご高説はそのまま受け取り、文句を言われないように制度を改変してしまえ！　というのが私の思うところとなります。

それは、保険として機能させるために、給付のカバー範囲を大きくすることです。

・育児関連の給付
・不妊関連の給付
・出会い／婚活関連の給付
・おひとりさま関連の給付

こうすることで、「誰にでも起こりうるリスク」となり、①②はスルーできる。当然、子ども関連だけでなくなるので、「こども・未来保険」と改称することが必要となります。

なぜ、こんな公的保険が重要なのか。それは公的保険に拠出することになると、二つの意味で加入者の活用が進むからです。

・公的に認められたサービス（「嫁・妻がやるべきだ！」という声が縮む）
・払ったからには使わなきゃ損、という気になる

過去にも同様の事例がありました。それが、介護保険です。

以下は『何を怖れる』（松井久子監督）というドキュメンタリー映画の中で、東京家政大学名誉教授の樋口恵子さんがおっしゃっていた話です。

介護保険導入前は、介護とは「嫁」がやるのが常識であり、お金を払って他人様を自宅に迎え入れてやってもらうということはありえなかったそうです。しかも、そうした歪《いびつ》な女性負担に対して、各地の行政は、「介護嫁表彰」制度などを設け、そこから逃れられなくしていました。この誤った常識を壊したのが、介護保険制度だったそうです。

２０１４年12月の日経ビジネスオンラインで私と対談した上野千鶴子さんは、当時の様子を以下のようにも語られています。

「介護保険ができた当初は、この辺じゃ介護保険を使う人なんかいねえよと田舎の人は言っていたんだから。それで介護ステーションのワゴン車、うちの前に止まってくれるなと言っていた。うちに他人を入れないと言っていたじいちゃん、ばあちゃんもいた。でも、あっという間に意識が変わりましたね。あれよあれよという間に」

「意識が先か、制度が先かといったら、みんな意識が変わらなきゃというんだけど、そんなことないですよ。どっちも大事です」

そう、公的保険制度が意識、ひいては社会まで変えた先例でしょう。

地域バスを登園・下園時間はスクールバス化

一方で、こども未来戦略会議が指向している支援金の「使われ方」を見ると、正直、賛同できない部分が多くあります。

たとえば、高等教育機関の無料化などが議論されていますが、こうした制度をつくれば、あっという間に大金が流れ出てしまうでしょう。日本の場合、大学進学のハードルがどんどん低くなり、無試験に近いかたちで入学できる大学が少なくありません。

確かに西欧では多くの国が大学無償化や奨学金拡充を実施していますが、バカロレアやアビトゥーアのような「大学入学資格」試験に合格することが原則必要となります。そこが歯止めとなり、有意義な資金活用がなされている点が日本と大きく異なるのです。

こうした「無定見に大金が流れる」仕組みより、心の部分をどう変えるかに特化して、費用対効果が大きい資金活用を訴えたいところです。

まずは「子育ての外部サービスの利用補助」を拡充し、子育ては家庭だけでなく、社会でサポートするという機運を盛り上げてはどうでしょうか。

こうした方向で支援事業をするのであれば、予算はまだまだ余ります。余資を活用して、夫婦の育児負担や生活の不自由さを減らす方向にどんどん助成事業を拡大すべきでしょう。

たとえば、現在コミュニティバスというものが、基礎自治体単位で多数運行されています。これを出勤・帰宅時間のみ経路変更して、地域の保育園を回るかたちにするのはどうでしょう？　しかも、そのバスには保育士が車掌として乗っていて、両親はバス停まで付き添えば、あとは出勤できるようにしたらいかがですか？　これだけで送迎時間が毎日20分程度短縮できるはずです。

コミュニティバスはすでに敷設されている路線をもとに、出社・帰宅時間のみ経路変更するわけだから、新たな付加費用は抑えられるでしょう。

それができないなら、せめて子育て世代に公営交通の無料パスを配るのがいいかもしれません。少なくない自治体で一部（たとえばコミュニティバスに限定して）、育児世帯無料化をしていますが、もっと大々的に全公共交通無料化などがいいでしょう。高齢者向けで当たり前のことを、ずっと数が少ない育児世帯向けに実施ができないはずはありません。

子どもを社会で育てる地方の先進事例

「子どもは家庭ではなく社会で育てる」という取り組みでは、地方自治体でいい事例が見られます。

一例を挙げると、広島県は2008～2012年の間に出生率を0・2も上昇させました。取り組みの主旨は、まさに「個人の育児負担を減らし、地域で請け負う」です。

たとえば、ファミリー・サポート・センターという子どもの一時預かり施設を運営し、子どもを預けたい人、子どもの世話をしたい人たちが結びつく仕組みをつくっています。

同様に、イクちゃんマークというものをつくり、地域の店舗に「育児支援」への協力を依頼しています。このイクちゃん認定店には、幼児向けの割引サービスやセットメニューづくりなどの「よくあるサービス」も含まれますが、出色なのは、店舗に子どもの遊ぶスペースを設ける助成もしていることでしょう。

飲食やショッピングなど子連れではやりづらいし、子育て主婦とてたまには独身のように息抜きもしたいものです。たとえば熱いラーメンなどを、子どもを抱えて食べるのは無理でしょう。そんなとき、店に子どもの遊ぶスペースがあれば、そこで遊ばせ、両親は解放されます。

こうした仕組みを拡大して全国展開してみてはどうでしょうか。

大規模ショッピングセンターであれば、遊具施設も大きくし、そこに保育士を配置して、安心して子どもを預けられる仕組みをつくる。その施設設置も、保育士の給与も、運営諸経費も、財政支援する。こんな政策が浸透すると、「出産しても、ショッピングや友だちとのお茶会もできる」ようになります。子どもを持てば独身時代のような自由がなくなる……と結婚や出産に後ろ向きな人たちも、考えが変わるはずです。

そして、「子持ちの主婦が遊ぶなんてもってのほか」などと何かとうるさく監視する風潮さえも壊れていくでしょう。

こんな変革を、イクメンをもじり「イク面」「イク圏」などと呼ぶのはどうでしょう。

公的資金で潜在保育士100万人の活躍を

民間でも同様に、「負担と心の問題」に取り組む好事例はあります。日立製作所は、社員向け保育所を新宿や渋谷などのターミナル駅に設けているそうです。社内につくるのも一案なのですが、そうすると、子連れで長い時間、満員電車に揺られねばなりません。ターミナル駅であれば、乗車時間も短いし、病気のときなども勤務先からすぐ迎えに行けるでしょう。こんな仕組みも公費で誘導していけるはずです。

ターミナル保育園の設置を助成するだけでなく、保育士の派遣事業にも補助金を出して、そこからスタッフを送るという仕組みもいいかもしれません。2018年度のデータで、保育士は資格取得者が154万人もいるのに、保育園で働いているのは59万人しかおらず、残りの95万人は資格を活かせていないそうです。なぜ、保育士をしていないのかという理由の上位には、ブラックな環境や低待遇などが挙げられます。こうした潜在保育士を集め、社会の各所で育児をサポートするのもいいでしょう。公的な助成で立ち上げた事業であれば、ブラックな違法行為に対して厳しい監視も可能で、潜在保育士の現場復帰が進むでしょう。

また、育児と仕事の両立で一番問題となることの一つが、子どもの体調不良時の早退・中抜けです。現状では、病児保育という仕組みがあるのですが、この受け入れ枠が小さく、また病児保育をしている小児科医院まで、やはり子どもを送り迎えしなければなりません。こうした厄介な問題も、公的支援でソリューションをつくったらどうでしょうか。

保育士同様、潜在看護師も現在70万人以上いると言われています。彼女らを管理・派遣する事業に助成金を出し、子どもの体調不良時に、病児保育医院まで送り迎えをしてもらうようなサービスが想定されます。

こうやって、「育児って厄介だな」と思われる部分を取り除き、同時に、「育児は社会全体で」という常識をつくっていく。いたずらに小金をばらまく施策はもうやめにして、「負担」と「厄介な常識」をなくしていく方向に公費誘導を願いたいものです。

とにかく、「育児は社会で」と、「心の問題を解決」を柱に、子育て支援制度をぜひとも、社会保険で充実させてほしいところです。

3.「年輩の男は偉い」という幻想を解消する

──ジョブ型も職務給も不要。人事運用をほんの少し変える

見えない男女格差を地道に解消する

育児負担が減り、自由時間が増えるように社会が変われば、「子どもを産んでもいいいな」と考える人が増えるでしょう。

ただ、それでも大きな問題が残ります。それは、「相手が見つからない」というそもそもの話です。この点で、大きな障碍となっているのが「昭和の結婚観」だと第3章で書きました。

女性は「学歴や収入、役職などが自分以上」の男性を求めがちです。

現在は女性の大学進学率も男性と同等になり、大手企業の新卒採用数でもほぼ半数まで来ています。必然、「自分以上の男性」は減っている。だから、こんな価値観ではカップルが成立

しづらくなっています。

結果、生涯未婚率では、女性は高年収者が著しく高く、逆に男性は低年収者が著しく高いという非対称性がここでも生じています。

こうした昭和の結婚観がなくならないのは、今でも多くの面で、男女間に見えない格差（アン・コンシャスバイアス）が残っているからなのでしょう。そう、これもやはり「心の問題」です。ならば、この見えない格差を取り除くことが、本当の解決策です。

まずは「仕事場面」での格差是正を考えていきましょう。ここからは、人事実務の詳細に触れるので、専門外の方は戸惑われるかもしれません。平易な説明を心掛けますので、ぜひともお付き合いください。

なぜ同じヒラなのに50代は30代より高年収なのか？

なぜ、「男の人は収入も役職も上」という価値観が壊れないのか。それは、日本企業がいまだに緩やかな年功制を敷いていることもその一因です。世界各国の雇用に詳しい人は、「欧米とて、給与に年功カーブが存在する」と言うかもしれません。

ただ、欧米は二つの意味で日本と異なっています。

まず、女性の社会進出が早かった分、ミドル以上の世代でも女性社員比率が高い。結果、女性の役職者も豊富です。２０００年以降に女性の社会進出が進んだ日本は、まだミドル以上の女性社員が少ない。必然、年長者＝役職者は男性ばかりとなってしまいます。これは、第2章で触れたように、あと10年経つとだいぶ緩和されることでしょう。

もう一つ、欧米とは違いがあります。あちらでは、「エリート」はどんどん昇進して給与を上げますが、それ以外の多数はそれほど昇進も昇給もしていません。だから「年上」といっても、一概に偉い・高給などという常識ははびこらないのです。

日本は、加齢にしたがい、今でも半数近くの人が課長になり、それに適わない人でも昇給を続けます。賃金構造基本統計調査から役職別に各年代の年収を試算すると、ヒラ社員でも従業員１０００人以上の大手企業だと、大卒者なら40代後半で、年収が９５０万円近くにもなり、それは30代前半のヒラ社員より１５０万円強も多くなっています。

同様に、従業員５００〜９９９人の準大手企業でも１０９万円、１００〜４９９人の中堅企業でも１３１万円多くなります。

こうした状況では、いわゆる年功主義が心に染みつくでしょう。さらに、シニア層はかつての「男性偏重採用」です。そう、偉いor高給取りは男、という常識が増幅される構造です。

そろそろ、ここにメスを入れるべきでしょう。

考えてみてください。

30代前半のヒラ社員には、将来、役員や経営者になるような優秀者の卵が含まれます。一方、

図表43　**大企業（従業員1000人超）の年功カーブ**

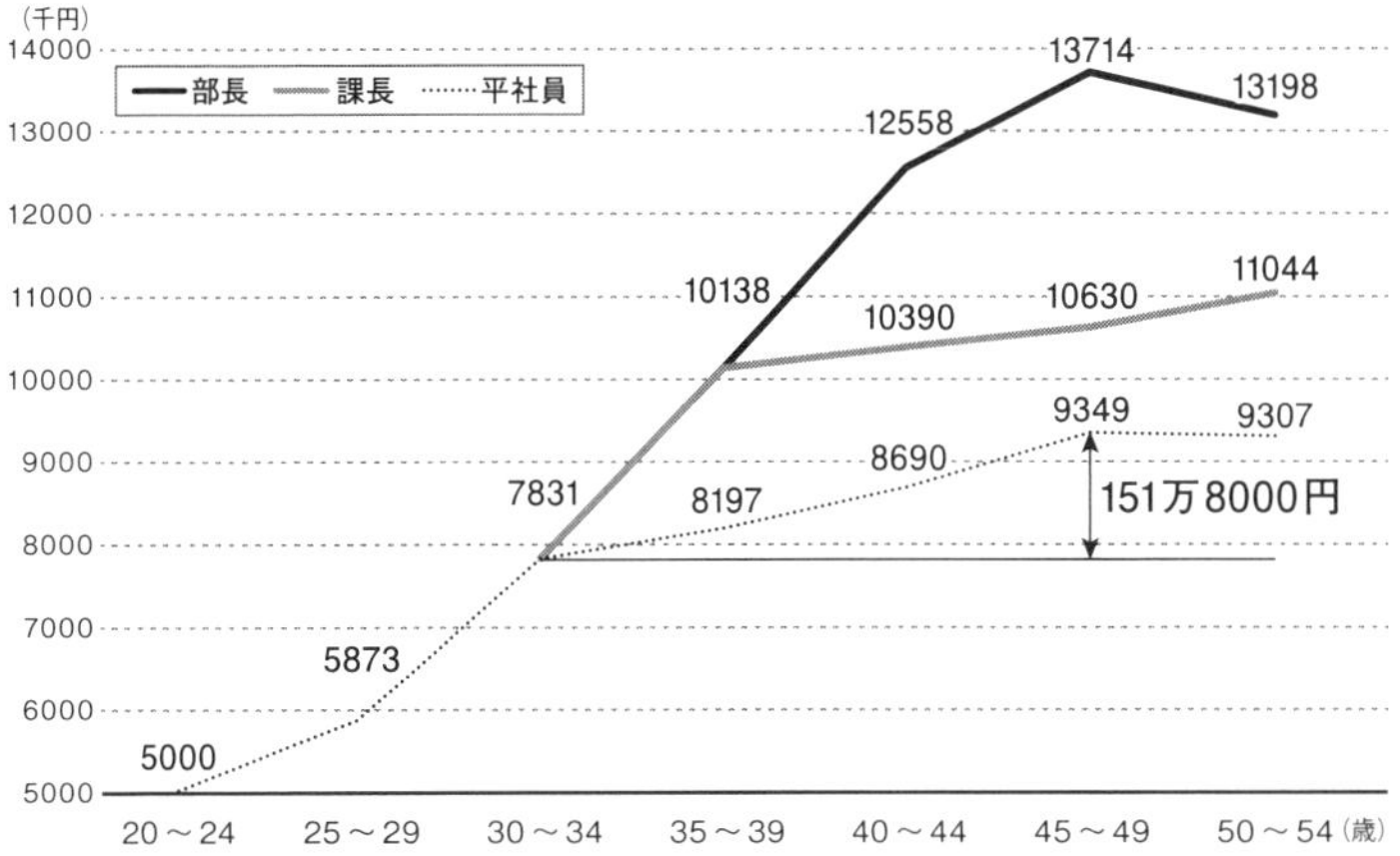

※「厚生労働省賃金構造基本統計調査2020年版」より筆者作成

50代ヒラ社員は、課長になれなかった人です。当然、ポテンシャルで言えば前者のほうが高いのに、なぜ年収は後者が高いのでしょう？

「50代のヒラ社員は、経験豊富で蓄積された能力も高いから、ヒラとて重要な職務についている。だから高い」

と説明されたりしますが、本当でしょうか？ もしそうなら、なぜ、課長になれなかったのでしょう。

私が企業を見てきて言えるのは、30代前半の大卒10年選手は相当鍛えられており、若手の育成や課長のサポートなどをすでにしている人が多数です。50代のヒラ社員のほうが優秀ということは断じてありません。

とすると、この年収差はなぜ生まれるのか？

これは、人事に詳しい人ならすぐわかるはずです。

「そりゃ、昇給してあげなきゃ、家族を食わせられないだろう」

つまり、能力や職務内容ではなく、家族扶養のために昇給をしている状態なのです。

それって本当に正しいでしょうか？

まず、「扶養家族が多くなった人」のみ昇給するならまだわかりますが、定期査定ごとに昇給を重ねて誰でも高給になっていくのです。とすると、独身者でもＤＩＮＫＳ（子どもを持たない共働き夫婦）でも30代より50代のほうが１５０万円も年収が多くなってしまう。家族の多さと関係ありません。まず、これが一つ目の問題でしょう。

正社員カップルなら結婚したら世帯年収は2倍に

次に問題となるのは、「かつては夫のみ働き、妻は専業主婦という家庭が多かったが、今は共働きが増え」ています。それも、直近では、「夫も妻も正社員カップル」が増えてきました。

こうした場合、結婚した瞬間に、世帯年収は正社員2人分、すなわち一挙に2倍になるのです。

そう、妻も辞めずに正社員を続ける社会になれば、もはや「家族を食べさせるための」年功昇給など不要でしょう。

そろそろ、「長く勤めた男性が高給」になるという常識は壊すべきときです。

逆に言えば、昇給しない社員は、「給与相応」に働くようにして、会社に滅私奉公もせずにすむ勤め方も認めるべきです。仕事を終えたらさっさと帰る。そうして、家事育児も分担する。そのほうがよほど健全なのではありませんか。

査定を繰り返せば必ず給与は増え続けるという大問題

こんな脱年功型の働き方の実現には、人事制度をどのように変えればよいでしょうか。

バブル崩壊後30年以上、日本企業はこの「脱年功昇給」について悩み続けてきました。職務給、役割給、職責給、そしてジョブ・グレード給と等級制度を多々改変しても、年功昇給は一向になくなりません。それは、欧米のようにポストに等級を紐づけ、ポストが変わらなければ給与は変わらないという仕組みにできていないからです。

日本の場合、等級制度の名前は変われども、それは「ポスト」ではなく「人」につけるものです。昇進せず同じポスト（たとえばヒラ）に滞留していても、等級は上がり続けてしまいます。また、課長ポストがなかったとしても、「課長相応」の部下なし課長なども乱発できます。こうした点を、欧米のように「ポストですべてが決まる」仕組みに変えることが、脱年功給への筋道となります。

ただ、これ自体、とても難易度の高い改変なのです。だから等級制度をいろいろいじっても、

図表44　**等級制度の仕組み**

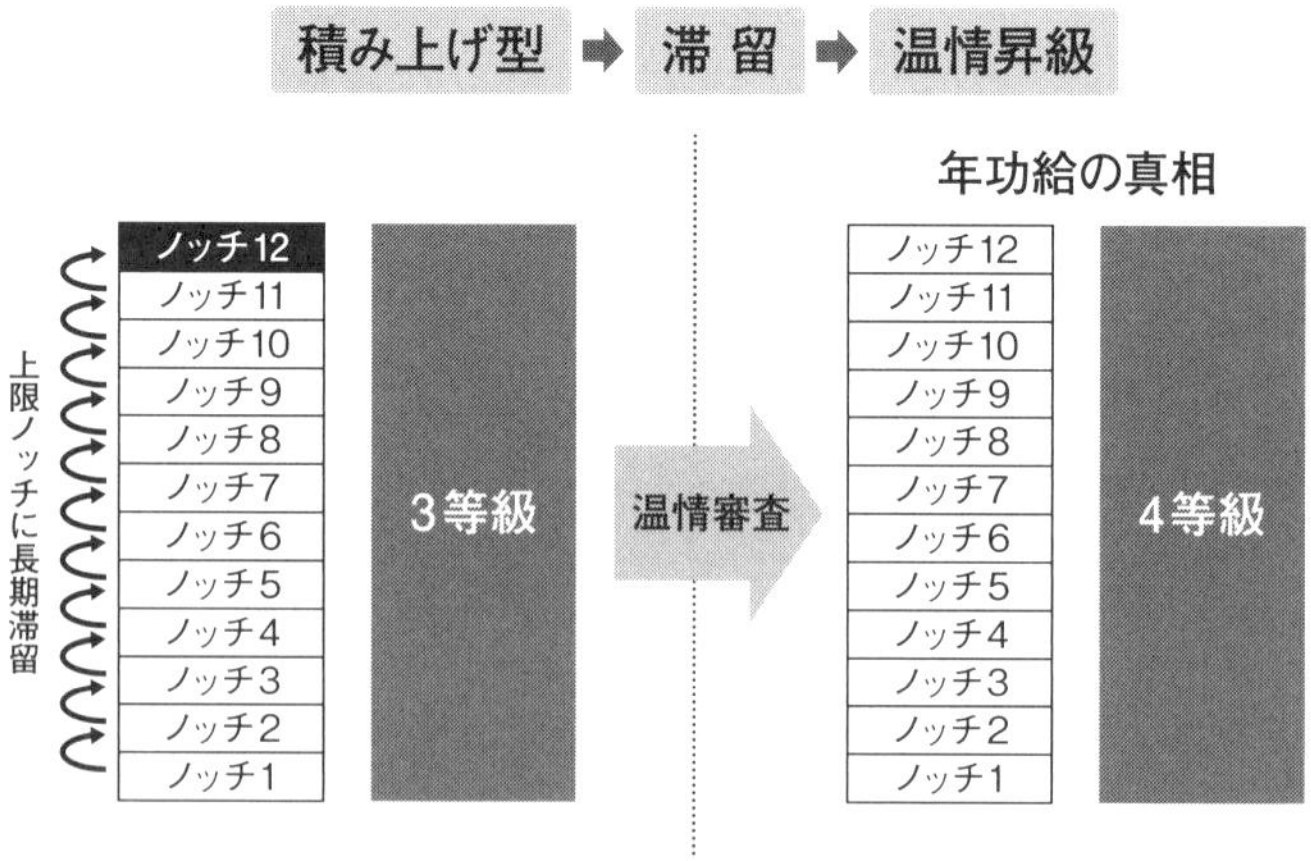

それは「人」につけるものであり続け、結果、年功昇給は残り続けたのです。

さあ、どうしたらいいでしょう。

じつは、本当に簡単な方法があるのです。

人に等級をつけると、なぜ、年功的になるか。それは運用の細部を見るとよくわかります。

等級はその中が細かく刻まれ（ノッチという）ており、たとえば1等級が12ノッチとかになっているのです。そうして毎年、査定のたびにそのノッチを一つ、もしくは二つと上っていく。

こうして等級の最上位ノッチまで来ると、しばらくそこで留まって、次の等級に行けるかどうか昇級審査を待つことになるわけです。

あまり評価が芳しくない人でも、長い時間をかければ必ずノッチの上限まで辿り着きます。そこで昇級できずにいると、長期滞留者として目につくようになります。昇級審査のたびにこうした滞留者は俎上《そじょう》に載せられ、何度も同じ顔触れを見ていると、「そろそろ上げてもいいのではないか」と温情が働いてしまいます。

つまり、同一等級内のノッチアップ→温情昇級→再びノッチアップと続き、年功昇給が止まらないのです。

経営の意思しだいで、日本の悪しき常識は払拭できる

問題の根源には、査定ごとにノッチが上がり続ける「積み上げ方式」があります。これを、「洗い替え方式」に変えたらどうなるでしょうか。

洗い替えとは、査定ごとに積み上げるのではなく、毎回まっさらで評価する方式です。前期のノッチなど考慮されず、考査期間の評価により上下動することになります。たとえば、いい業績を残した翌期は一気に11ノッチまで上がるけれど、その次が駄目なら3ノッチまで下がるといった具合です。

洗い替え方式ならば、できる社員は年齢に関係なく一気に上位ノッチに上がり、その後もそれを維持するでしょう。そうした上位ノッチの常連者は、当然、昇級審査の対象となるべきです。そこで、スピード昇進が起きる。

一方、評価の芳しくない社員は、どんなに年功を積んでも下位ノッチに滞留し、決して昇級

図表45　**洗い替え型等級制度の仕組み**

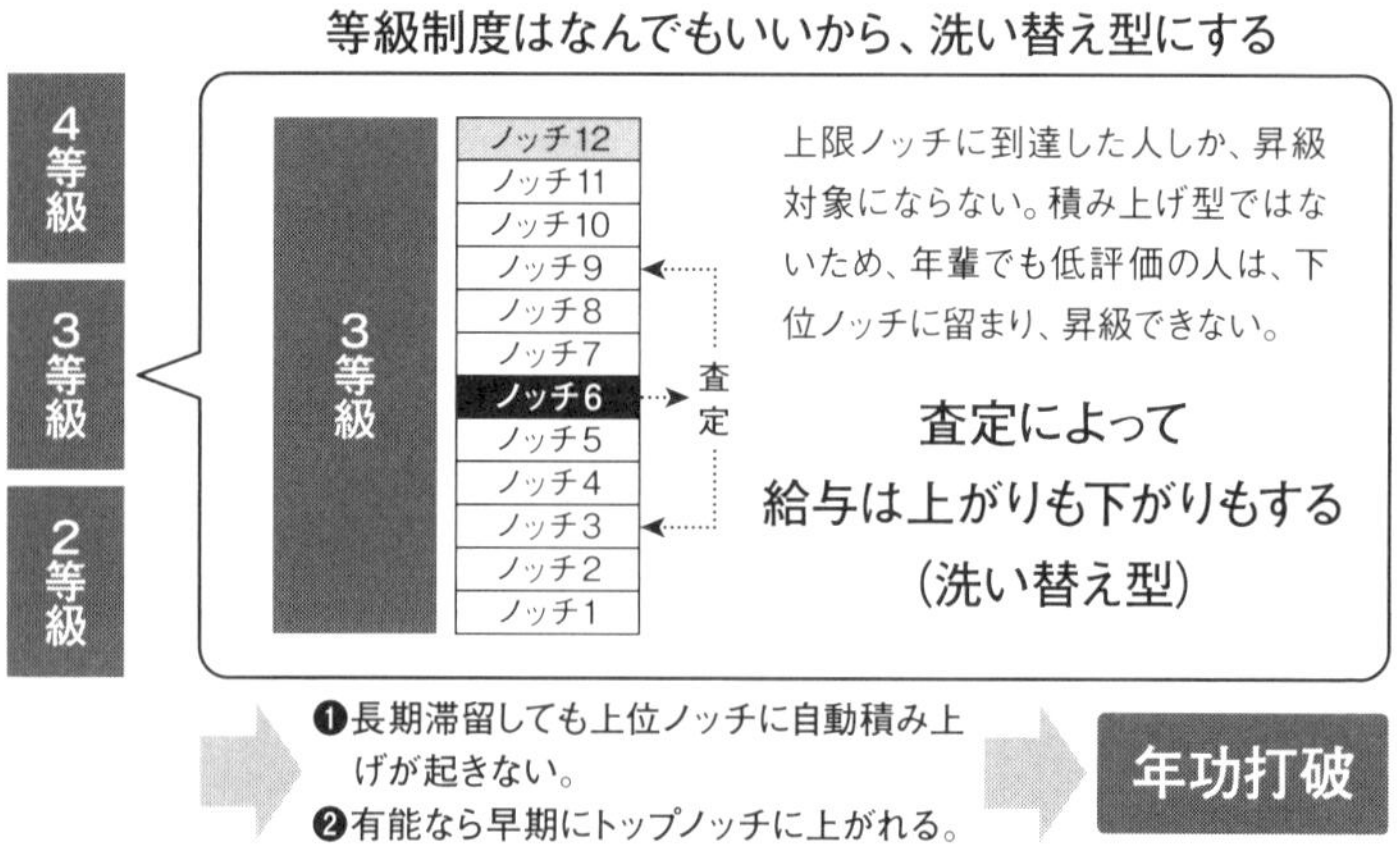

等級制度はなんでもいいから、洗い替え型にする
4等級
3等級
2等級
3等級
ノッチ12
ノッチ11
ノッチ10
ノッチ9
ノッチ8
ノッチ7
ノッチ6
ノッチ5
ノッチ4
ノッチ3
ノッチ2
ノッチ1
査定
上限ノッチに到達した人しか、昇級対象にならない。積み上げ型ではないため、年輩でも低評価の人は、下位ノッチに留まり、昇級できない。
査定によって
給与は上がりも下がりもする
（洗い替え型）
❶長期滞留しても上位ノッチに自動積み上げが起きない。
❷有能なら早期にトップノッチに上がれる。
年功打破

審査の俎上に載りません。

　非管理職の等級に関しては、現状の積み上げ方式だと、誰でもアッパーまで上り続けてしまいます。それを洗い替え方式に「運用変更」するだけで、社内にはびこる年功主義は一掃できるのです。

　この制度変更は、得をする人、損をする人が半々となります。なので、社員をしっかり説得すれば導入は可能でしょう。そうすれば、年長者（主に男性）は偉い・高給という歪んだ常識は減じていくでしょう。同時に、滞留し続ける年輩社員には、新たな働き方＝仕事はほどほどにして、家庭を大切にするという変更を促すことが必要となります。

4．いまだ蔓延《はびこ》るジェンダーバイアスを徹底的につぶす

「かわいくてかいがいしい」非正規男性はいるか？

「女性は男性に、自分以上を望む」という昭和の結婚観は、現在でも根強く残ります。

なぜ、女性は男性に「自分以上」を求めるのか。

その理由は、長らく労働が男性に牛耳られていたため、女性が生きていくうえでは男性に頼らざるをえなかったから、と序盤で書きました。

それが、女性も経済力を持ち、頼る必要がなくなったとき、取るべき道筋は3つあります。

①女性一人で生きていく。
②従来どおりの価値観で、自分より上の男性を求める。

③相手の門地・学歴・収入にこだわらずパートナーを選び、自由に生きる。

3つの選択肢のうち、現状では、①と②が多数であり、③を選ぶ人が少ないのでしょう。なぜ③は選ばれないのか――理由は簡単ですね。こちらに歩を進めても、女性が得るものが少ないからに他なりません。

高年収の男性と低年収の女性。会社の中では、そんなカップルが生まれる機会が山ほどあります。庶務や事務は今でも大多数が女性であり、彼女らの多くは非正規や一般職で待遇はよくありません。そうした女性が周囲に多々いるのです。

男性が彼女らを選んだ場合、「家に帰ったら食事や風呂を用意してもらう」ことが期待できます。彼女たちは、収入面や役職で分が悪い分、夫のそうした要望を受け入れるしかありません。こんな感じで、「かいがいしくてかわいい」嫁をもらうことができます。

対して高年収の女性の場合、かわいい事務の男性が周りにいたりすることは、まずありえません。男性の非正規社員は、主に工場での製造スタッフや、コンビニなどの販売職、運送・配達、清掃などの職場にいます。だから、高年収な女性とかわいい男性というカップルが生まれる機会が乏しいでしょう。仮に、そんなカップルが生まれたとしても、彼らは別段、家事育児に長けているわけではなく、普通の男性以上に奉仕的というわけでもないでしょう。とすると、バリバリ働いて帰宅したエリート女性は、彼らに「風呂」「飯」なども期待できません。

これではカップルは成り立たないでしょう。
だから昭和の結婚観は、なかなかなくならないのです。

積み上げ方式から洗い替え方式に変われば、イクメンも増える

たとえば、「年齢は男が上で、女が下」という結婚観については、だいぶ緩和しました。130ページの図表35に書いたとおり、現在、結婚する4組に1組が姉さん女房となっています。「35歳以上の女性は出産が難しい」という考え方が緩和されれば、さらに年齢面での結婚観は変わっていくでしょう。

学歴や年収、役職については、「男性がやや下あたりまでOK」へと、徐々にウイングを広げることが変革の第一歩になりそうです。日本の人事制度は積み上げ昇給型ですが、それを洗い替え型に変えれば、年功主義は一掃できると前述しました。

多くの企業がこの方向に人事制度を変えると、どうなるでしょう？

現状なら、査定のたびに小さな昇給を重ね続けます。そうすると、うだつの上がらない人も、多少遅れながら給与や等級を上げていくことになります。そして、役職定年になる頃、「俺は課長になれなかったんだ」と初めて気づくでしょう。

これじゃ男性たちは諦めきれず仕事にしがみつき、家事育児を主にする決心もつきません。

洗い替え方式であれば、評価が低い人は昇給せず、当然、等級アップもしません。それが続けば、30代後半あたりには会社での将来は見えてきます。そうした場合、仕事以外に軸足を置き、家事・育児を主にするという決断もしやすくなるでしょう。

こんな変革が進めば、「うだつが上がらなくとも家事育児はしっかりやる男性」が増えます。そんな「家事育児をしっかりやってくれる」彼らなら、女性はパートナーと見なすようになるのではないでしょうか。

非正規の時給は2000円になる

非正規雇用の給与・待遇を上げ、「できる女性」との格差を減らすことも処方箋の一つとなるでしょう。こちらは大いに可能性がある話です。これからしばらくの間、日本では非正規雇用の待遇を大きく改善せざるをえないからです。

日本は、1996年から生産年齢人口（15〜65歳）が減少に転じました。本来ならそこから労働力不足となるのですが、それまで職に就いていなかった高齢者や主婦がパートやアルバイトで働くようになり、減少分を補いました。それで、労働人口は増え続けたのです。ところが、ここ数年、この雇用シフトが変調を来し始めました。

まず、65〜74歳の高齢者（前期高齢者）が減少しだしたのです。2022年から2027年までの5年間で約250万人も激減します。

続いて、主婦の非正規雇用が減少し始めました。今まで女性は結婚や出産で家に入り、その後、子どもが修学期になる頃、パートとして働きだすのがお決まりのコースでした。ところが、大卒→総合職として働いてきた女性たちは、企業も辞められたら困るため、育休→時短復帰というかたちで継職する人が増えたのです。結果、女性正社員の数は毎年30万人ペースで増え続け、一方、非正規は2019年をピークに年間30万人も減少しています。

このところ、飲食店やコンビニのバイトで、最低時給とはかけ離れた高給な求人を見かけます。東名阪の好立地店であれば昼間時給でも1500円を超え、夜間はいわずもがなでしょう。それは、高齢者が毎年50万人、主婦パートが毎年30万人も減少しているからなのです。

こうして生じた人手不足を、業務の自動化や外国人材で対応しようにも、年間80万人の欠損はそうそう補えません。ベビーブーマー世代が後期高齢者に移行し終える2027年あたりまで、非正規人材の絶望的な不足は続くでしょう。昨今では「年収の壁」（※4）を超える労働を促すために、昇給・時間延長の助成金が盛んに策定されています。そのことが、非正規の賃金アップをさらに後押しするでしょう。

そうして、非正規雇用の時給は2000円に迫るのではないでしょうか。

時給2000円ともなると、フルタイム勤務なら年収350万円に手が届きます。同時に、ブラックな評判が立てば採用が滞るので、労働環境も向上するでしょう。人手不足下では、簡単に契約解除されることも減るはずです。

こうなってくると、非正規雇用に対するイメージも徐々に改善されるでしょう。

そしてもう一つ。非正規の人件費が高まると、企業はそれを販売価格に転嫁せざるをえなくなります。その結果、販売・飲食・サービス業で、軒並み価格上昇が起きるでしょう。

こうして価格が高くなると、利用者・購入者は減る。その結果、労働需要も収まり、人材不足もようやく終息するという「市場による調整」が起きるのです。

その頃の風景は、現在の欧州を彷彿させるでしょう。

「ハンバーガーとコーラを買ったら1000円だった！」

こんな話をよく旅行者がしますね。だから、欧州では日本ほど外食やサービス業は利用せず、家で済ませるのが普通です。自炊しクリーニングも家でするようになると、社会はどう変わるでしょう？

炊事洗濯などの家事は一人分も二人分も大差はないので、共同生活で分業したほうが一人あたりの負担は減ります。結果、独身より結婚を選ぶ人が増える！

そう、日本は飲食・サービス業の単価が安く便利すぎるから、結婚が進まないとも言われているのです。ここにもメスが入りますね。

※4　主婦労働者が、社会保険料や所得税で優遇される「扶養内」に年収を抑えるために生まれる労働時間抑制

男女平等化は50：50を目指すわけではない

ここまでしても、まだまだ、昭和的な結婚観はなくならないでしょう。

私は、この際、徹底的に社会に存在するジェンダーバイアスにメスを入れるべきと考えています。

たとえば、庶務や秘書という仕事は女性ばかりで男性がいないことをどう思われますか？　看護師は91％が女性、保育士は96％が女性です。いまだに「そういう仕事は女性が向いている」という一言で片づけていませんか？

こうした話をすると、

「男女で向き不向きはある。鳶《とび》職や長距離ドライバーは男が多数だ」

「どの職業も男女が同数じゃなきゃならないのか」

といった反論が出てきそうですね。

もちろん、私も性差は存在し、仕事でも趣味でも男女の偏りはあると考えています。ただ、それを認めたうえで、3つの原則を頭に置いてほしいのです。

1．男女差は、「平均値」で考えてはいけない
2．性差を認めても、100：0というわけではない

3．平等化とは、50：50を言うのではない

たとえば、男女の身体能力には厳然たる差があります。

高校3年生の50メートル走の平均値は、男子7・13秒、女子8・91秒と大差で男性に軍配が上がります。平均値で見れば「男は走るのが得意、女は苦手」となるでしょう。

でも、個人を見たとき、並みの男性よりも速い女性は多々います。

会社でも学校でも町内会でもかまいませんが、走るのが速い・遅いに集団を二分したとき、「速いほう」は男性ばかりで、「遅いほう」は女性ばかりになりますか？

そんなことはありえないでしょう。速いほうでも、たぶん2～3割は女性が占めるはずです。

ジェンダーバイアスの話を考えるときは、この事例を頭に置いてほしいのです。

性差偏重の人は、「平均値」で男女を分け、「100：0」という主張をしがちです。そして、それを批判されると、「じゃあ、男も女も50：50なのか」と強弁が続く……。

平均値では「男性向き」という項目にも、個人で見た場合、女性が2～3割入る。同様に「女性向き」という項目にもやはり男性が2～3割入る。それが、自然な状態なのでしょう。

それ以上に偏りが激しい場合は、「何かしら社会的バイアスが働いている」と考えること。そして、その偏りを是正するような施策を望むべきです。

性差以上に男女比を開かせる「悪慣習」

かつて営業の職場も、「女性には無理」と言われてきました。ただ、そこにあったのは性差ではなく商慣習の問題です。たとえば、取引先が無理難題を言い、営業スタッフが深夜に棚卸しや商品入れ替えをやらねばならなかったとか。外注の職人さんたちの気性が荒く、ときにはセクハラまであったとか。そんな悪慣習が女性を寄せ付けなかったのです。それが、ブラックな商慣習を正すことで、女性も活躍できるようになってきました。

こうした進歩が各所で起こるべきでしょう。

理工系、とりわけ機械・電気通信（俗に機電系）で、女性が少ないという問題も、産業界では悩みの種になっています。令和4年の学校基本調査から女子学生割合を出すと、機械は6・1%、電気通信でも9・5%に留まります。

そもそも工学部は世界的に見ても女性が少ないのですが、日本は際立っています。工学部全体の女性比率を見ると、多くの国は2〜3割あるのに対して、日本は12、13%程度と半分程度です。

「日本の女性は、数学や科学が苦手だから」

こんな声が聞こえてきそうなので、世界各国の学習習熟度を比較するPISAの点数で確かめてみました。

日本は数学の点数（2015年）で72カ国中5位と上位です。1000点満点で、男性の平均が539点、女性は525点。確かに男性優位ですが、それは1000点満点換算で1・4点という微差に留まります。科学も同様で総合2位、男性平均が545点、女性は532点で、こちらの差も1000点満点換算で1・3点です。

理系に進むような上位10％の平均点で見ても、数学は男性652点：女性632点、科学は男性665点：女性644点。どちらも差は開きますが、それでも1000点満点換算で2点程度。

この数字を見てどう思いますか？

「研究室での狭苦しい上限関係、ともするとアカハラが苦手なのだろう」という声が聞こえてきそうですね。それこそ、先ほどの営業の話と同じで、正すべき「悪慣習」でしょう。

何度も言いますが、50：50にすべきとは思っていません。他国並みの2～3割くらいにはなるという話です。そうすることで、気づかない悪慣習が淘汰され、よりよい研究環境にもなるでしょう。

そのためには、難関大学の入試で、女性比率が著しく低い専攻分野に、優遇枠を設けていくのも一案だと考えています。

こんな感じで、男女比に偏りがありすぎる領域に、片っ端からアファーマティブアクション（優遇策）を取ることを提案します。「あれは女がやる仕事」「男なのによくあんな仕事を」なんて言われなくなる頃、ようやく昭和の結婚観も消滅するのではないでしょうか。

5.タブーへの挑戦
――出生率より、自由な生き方のために

政治家が取り上げにくいタブー

少子化にまつわる「心の問題」、最後は多くの日本人がアレルギー反応を示す事情を考えたいと思います。取り上げるのは、婚外子、養子、ＬＧＢＴＱカップル、精子・卵子提供、代理母などのナーバスなテーマ。

政治主導では、「解決に長い時間がかかるもの」や「タブー」は脇に置かれる傾向がありま す。一般民衆の投票で選ばれる議員は、任期中に成果が出しづらいことや反対派から返り血を

浴びるテーマは忌避するからです。

ただ、「異次元」で少子化対策を考えるのであれば、こうした論点についても検討してみるべきです。

なぜ、これらのテーマに、少なからぬ日本人がアレルギー反応を示すのでしょう。

理由の一つに、「日本古来の家族のかたちを変容させるから」という意見があります。私はこの点について、一つ書いておきたいことがあります。

「古来」という言葉が本当に正しいのかどうか、について、です。

次ページの二つのデータ、婚外子数の推移と、他児養子（血縁関係にない幼児の養子）数の推移を見てください。

どうでしょう。婚外子も他児養子も、昔は、今とは比較にならないほど数が多かったのがわかるでしょう。最多時期であれば婚外子は今の7倍ほど、他児養子は今の40倍もいました。過去には「妾腹《しょうふく》が多かった」「戦災孤児や貧困があった」と今とは事情が異なるでしょう。ただ、今の家族の姿が、古来からずっとそうだったわけではないというのが事実です。

第4章で書いた40代出産も、そうでしたね。

また、夫婦別姓なども これが民法で定まったのは明治31（1898）年のことです。

私が主務とする雇用の領域では、「日本型雇用は1950年代後半〜1970年代前半に確立された」と言われます。

図表46　日本の婚外子数の推移

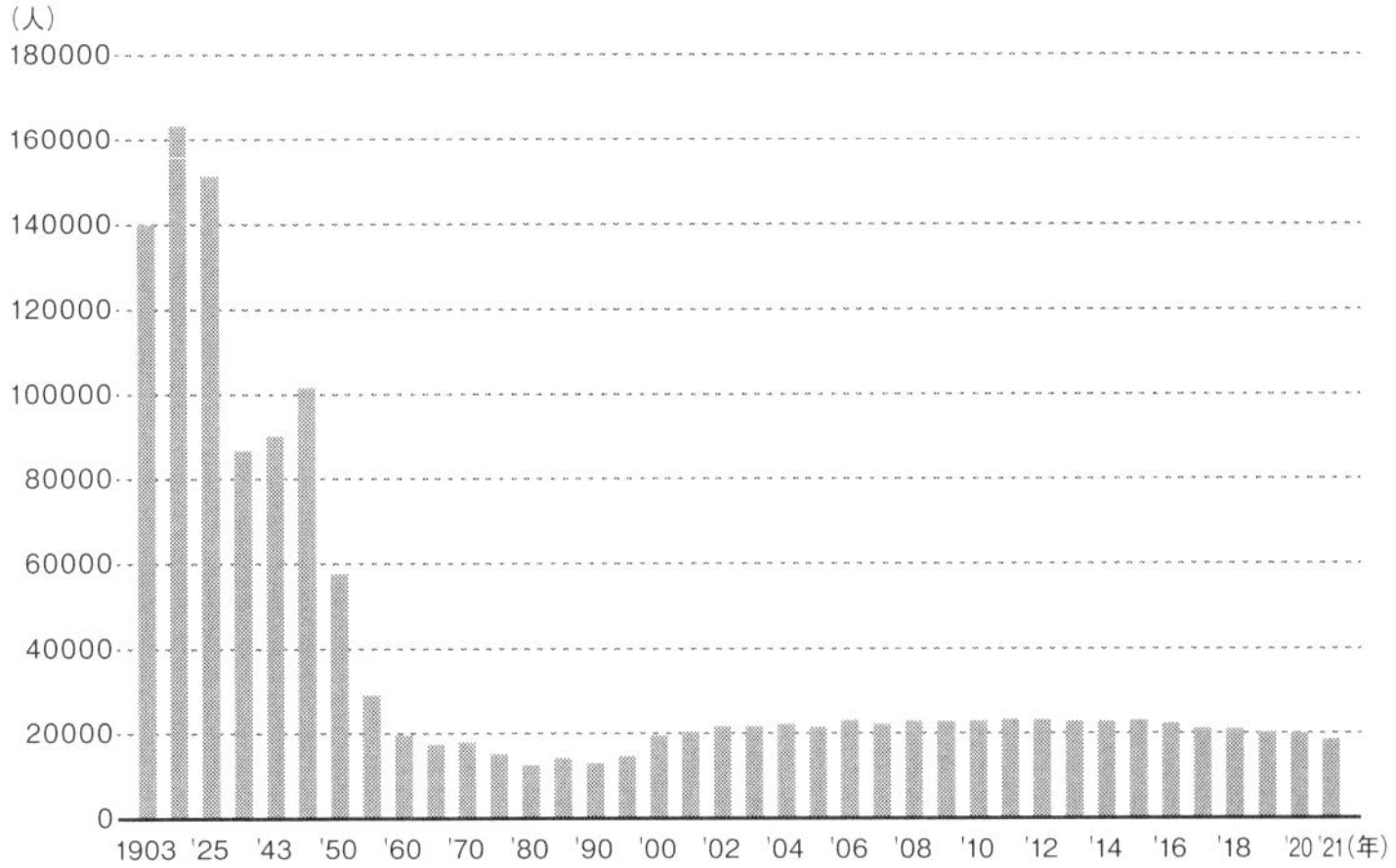

出典：「人口動態調査」「人口動態統計」

図表47　日本の他児養子数の推移

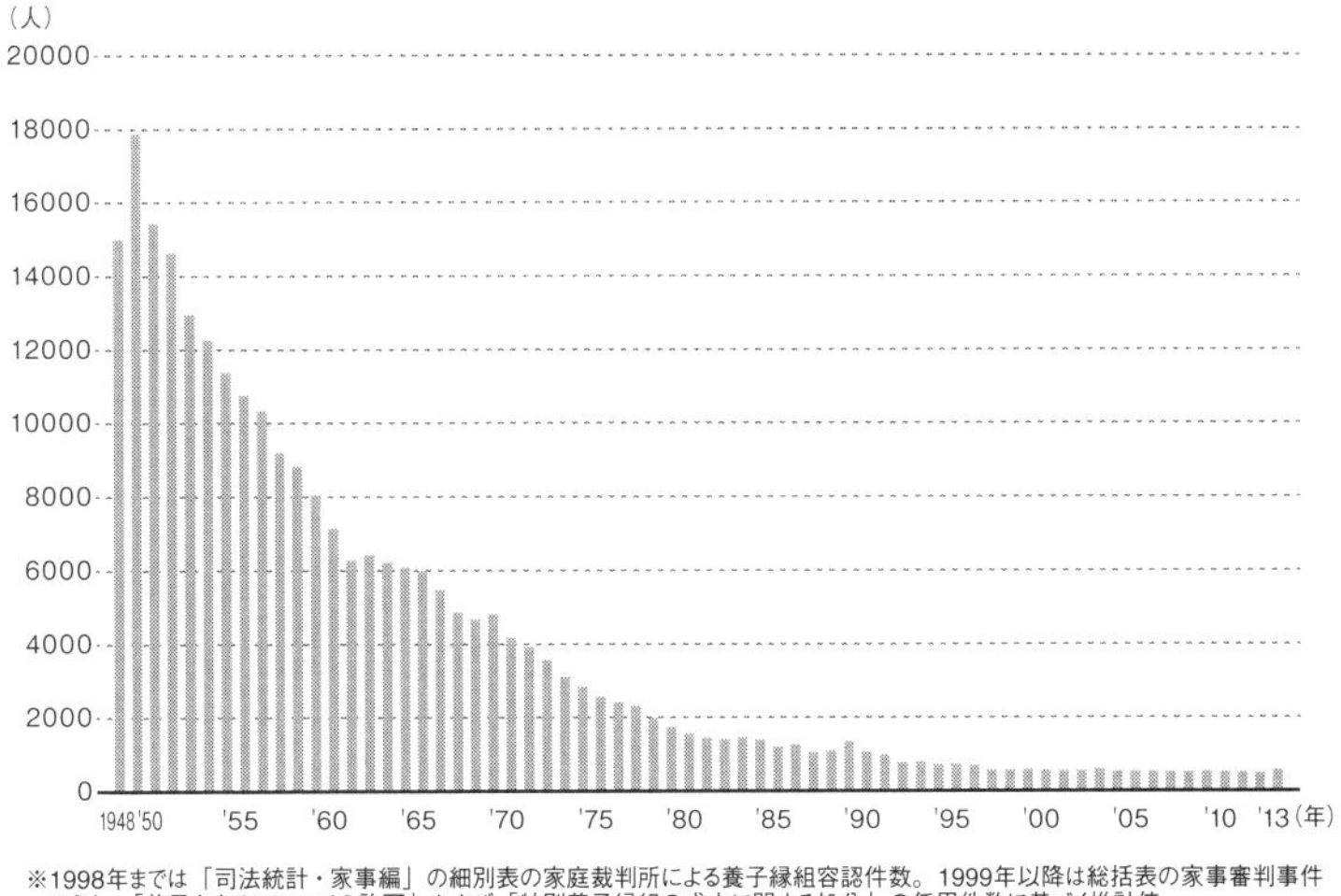

※1998年までは「司法統計・家事編」の細別表の家庭裁判所による養子縁組容認件数。1999年以降は総括表の家事審判事件のうち、「養子をするについての許可」および「特別養子縁組の成立に関する処分」の任用件数に基づく推計値。
姜恩和・森口千晶「日本と韓国における養子制度の発展と児童福祉」（2016年2月10日）より転載

つまり、これらはみな比較的新しい常識でしかないのです。「日本古来の姿を守る」という話はこの程度のことなのだと、まずは念頭に置いてください。

同棲割合が高くなれば出生率上昇に寄与しない

さて最初に、婚外子を俎上に載せることにしましょう。

婚姻関係にないカップルの間に生まれた子どもを「婚外子」「非嫡出子《ちゃくしゅつし》」と呼びます。欧米では、産まれてくる子どものうち婚外子が4~5割、中には6割を占める国もあります。そのため、日本でも未婚の母という選択肢を増やせば出生率が上がるという声は、以下のようによく見かけます。

「出生率の高いフランス、スウェーデン、デンマークなどの欧州の先進国では婚外子が5割超。日本は2%。このままだと少子化の加速は確定的」（細野豪志議員、2022年11月22日のツイート）。

確かに、人生の選択肢を増やすという意味で、こうした出産が（きちんと制約を設けたうえで）認められるというのは、検討すべきことでしょう。しかし、少子化が劇的に解決することは断じてありません。

まず、婚外子比率が高いスペイン・イタリアなどは日本よりも出生率が低く、ポルトガルも直近では日本並みという事実があります。また、出生率の高かったフランスでも、昨今は婚外

図表48　**婚外子比率と出生率**

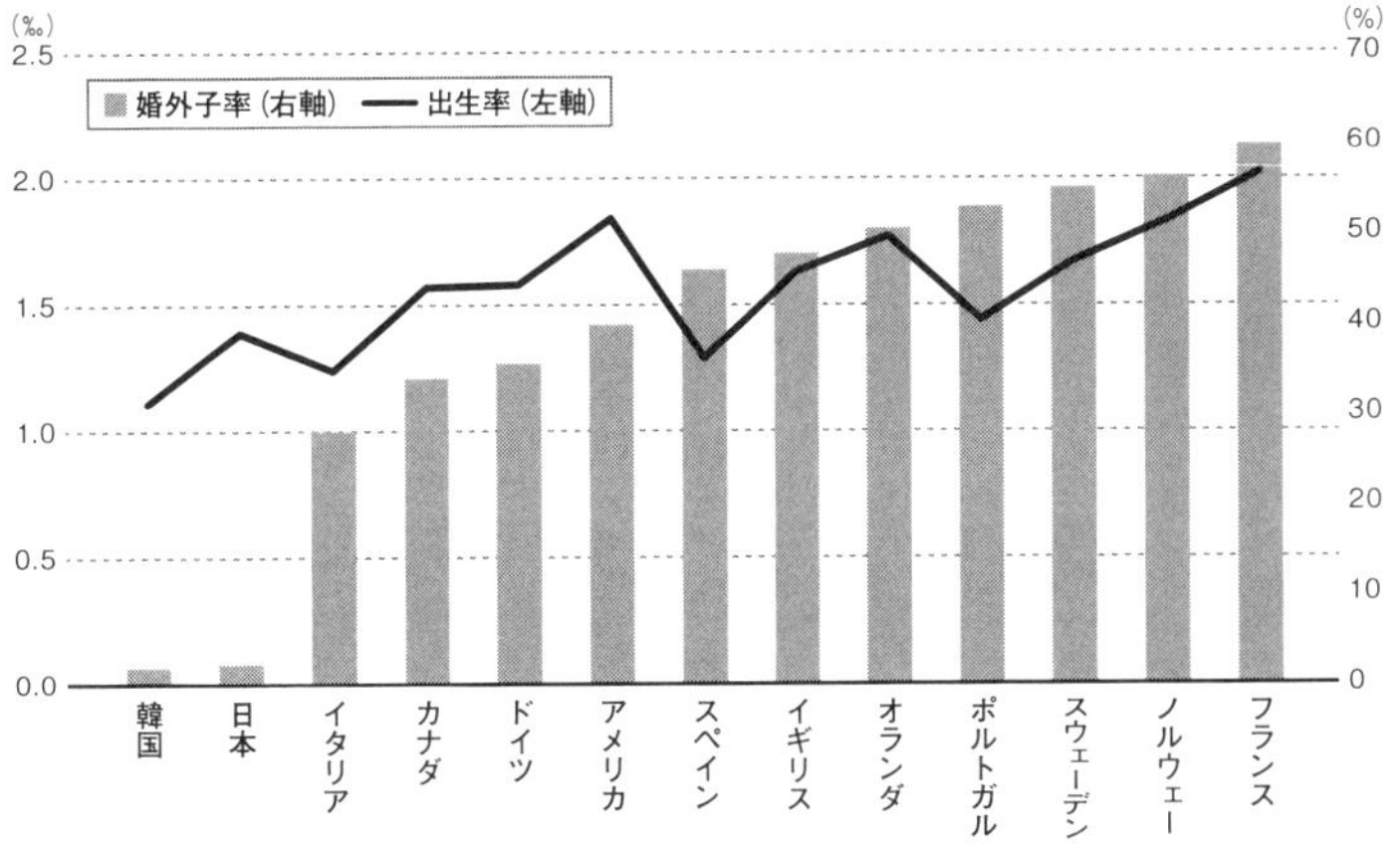

出典：OECD（2016年）

子比率の上昇に反して、出生率が急減するという事態に陥っています。

私も参考にさせていただいている独身問題研究家の荒川和久氏は、各国の出生率と婚外子率から「相関は低い」と結論づけています。複雑な事象なので、単純相関だけでは判断できないでしょうが、一つの有力な考察でしょう。

少子化対策がうまくいったと言われるフランスを見てみましょう。

この国は1960年代からユニオン・リーブルと呼ばれる結婚しないカップルが多数いました。サルトルとボーヴォワールなどがそうですね。

こうしたカップルが出産しないため出生率が急降下したので、婚外子を認めざるをえなかったという事実があります。つまり、結婚しないカップルが多いか少ないかが、一つのポイントとなるでしょう。

世界主要国の20〜40代の未婚者の同棲率を見ると、フランス・イギリス・ドイツが25％程度、ノルウェーは30％超、アメリカでも12・4％となっています。対して日本はたったの0・9％……。未婚同棲者が余りにも少ない日本は婚外子を認めたところで、それほど大きな変化はないと思われるのです。

ちなみに、未婚同棲率が高い国でも、婚外子を認めるようになると当初は出生率が伸びますが、その後は逆に通常結婚が減って、出生率は低下傾向を示すようです。

日本の場合、もし、婚外子を増やすならば、「パートナーもいない人が独身のまま子どもを産む」施策を考えねばなりません。それはすなわち、精子提供や卵子提供をセットに考えねばならないということになります。そのためには、日本産科婦人科学会のガイドラインを見直したうえで、独身女性への精子提供や、独身男性への卵子提供&代理母などを公的支援するしかないでしょう。

これはかなり手間や時間、コストがかかる割に、少子化緩和効果はたいしたことがありません。30代後半の女性未婚率は26・5％であり、そのうち、子どもが欲しい割合（希望0人を除く）は16％程度（全体の4％強）。この中で未婚でも産み育てる決心をする人たちはわずかばかりでしょう。

図表49　**未婚同棲率**（20～49歳）

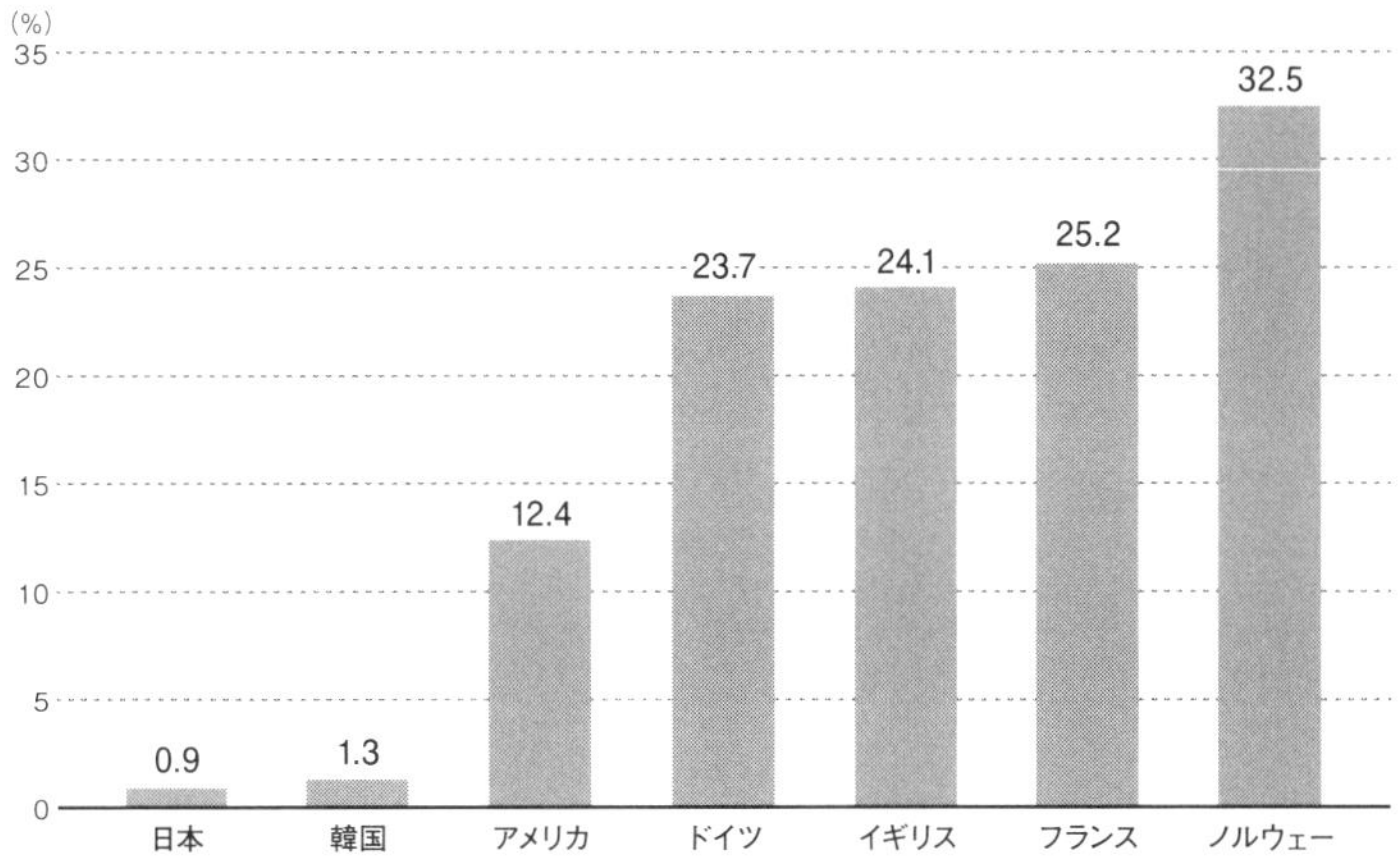

出典：少子化社会に関する国際意識調査

代理出産は最後の手段

一方、既婚夫婦で子どもに恵まれない場合は、条件を満たしていれば現状でも最終手段として、特定の医療機関で卵子提供・精子提供を受ける選択肢があります。日本で現状選べないものとしては、代理母（代理出産、ホストマザー）が挙げられるでしょう。

これは、日本の民法（民法779条）に「分娩の事実により母子関係は発生する」という規定があり、認可には法改正が必要になりそうです。

加えて、非配偶者間生殖補助医療には、慎重にならざるをえない下記のような問題もあります。

- 重篤な遺伝疾患（卵子・精子提供）
- 近親婚問題（卵子・精子提供。成人後の恋愛時）

・妊娠時の母体ケア不足による障碍（代理出産。栄養不良や飲酒、喫煙、素行不良など）
・早産による障碍（代理出産）
・母体の商品化（代理出産。貧困による母体の切り売り。高所得者の安易な利用）
・母体の損傷（代理出産。自己の出産可能性が減る）

当然、法改正も交えて議論が必要となるでしょう。

ただ言えるのは、男性も女性も不妊治療法が次々に確立され、先端医療認定も受けられる流れにあります。なので、代理母はいろいろ試したあとの最後の手段という位置づけに留まるのではないでしょうか。

未婚者やＬＧＢＴカップルが子どもを持つために

さて、未婚者にもう一度話を戻します。

現在、非配偶者間生殖補助医療（卵子提供・精子提供）は、ＪＩＳＡＲＴ（日本生殖補助医療標準化機関）のガイドラインで、婚姻関係にある人しか認められていません。

未婚者個人が自由に生きる選択肢を増やすという意味で、一定の制約を設け、卵子提供・精子提供を認めていくのもありではないかと考えています（ただ、少子化対策としての効果はあまりないことを再説しておきます）。

新たに対象として検討すべきは

・年齢（35歳など）的に閉経までの残余期間が短くなってきた未婚女性
・性的マイノリティ（ＬＧＢＴＱ）で、自然妊娠できないカップル

とりわけ、ゲイカップルには、代理母の検討も必要となるでしょう。

右記の対象者でなおかつ

・出産後の育児可能性（本人意思、周囲の支援）が高いかどうか

などを倫理委員会が審査・判定するかたちで、許可を与えるのがいいのではないでしょうか。

他児養子縁組の選択肢の拡充

次は養子を考えてみましょう。

じつは、日本はアメリカと並び養子縁組が多い国ですが、中身は両国で大きく異なります。

図表50　**養子縁組の構成の日米比較**

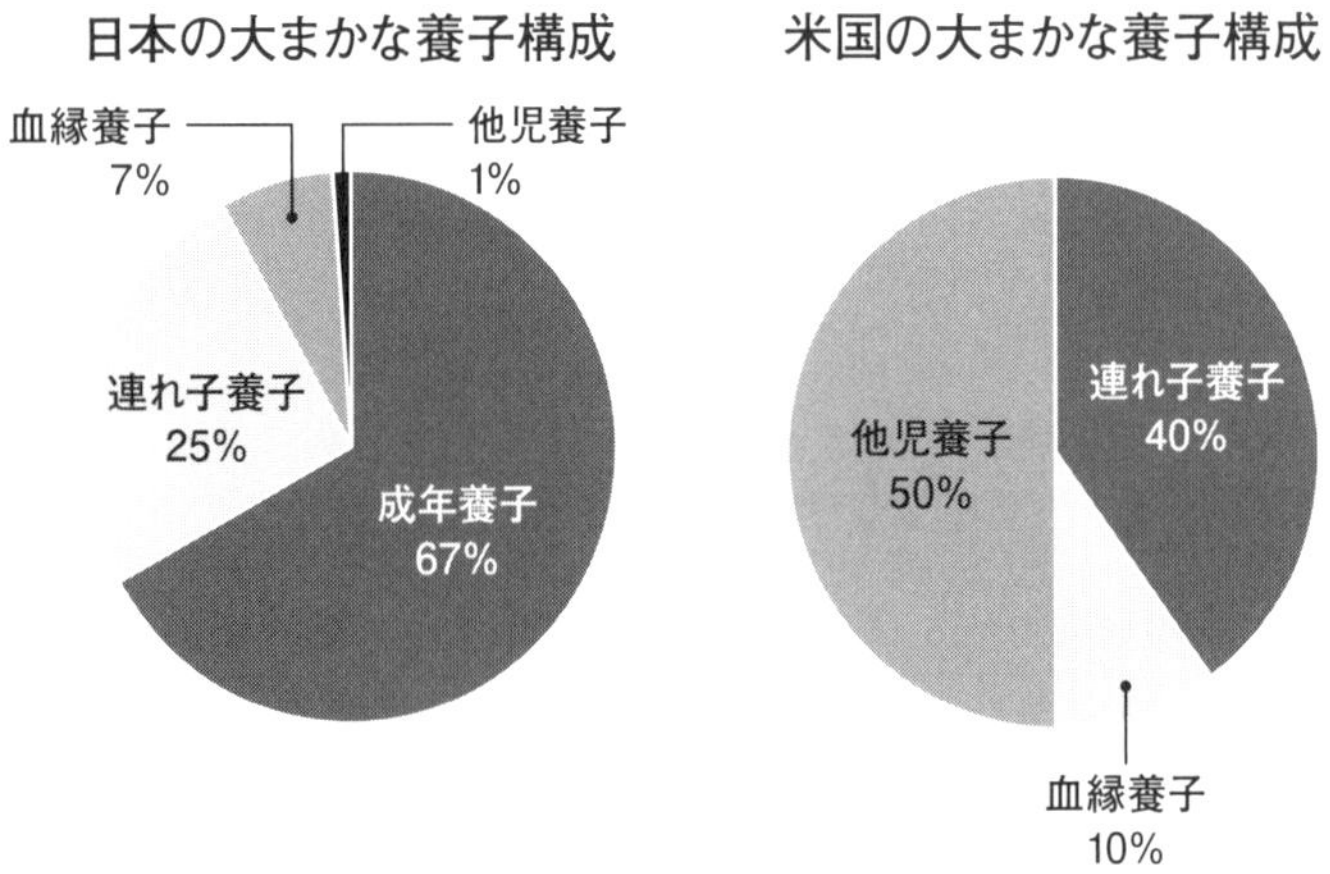

出典：森口千晶「日本はなぜ『子ども養子小国』なのか」
井堀利宏、金子能宏、野口晴子『新たなリスクと社会保障』、第3章、東京大学出版会、2012年

アメリカが児童、とりわけ血縁関係のない幼児（他児養子）が多いのに対し、日本は成人が多く、続いて血縁関係の未成年の順番になり、他児養子は極端に少なくなります。そうした意味で、子どもが欲しい人たちにとって養子という選択肢は、まだ小さいと言えるでしょう。

　この点について、少し考えてみたいと思います。

　まず、結婚しているカップルで、子どもに恵まれない場合、現在では各種公的支援が拡充され、先端医療までカバーが広がっています。そこまで手を尽くしたうえで閉経年齢に近くなり、それでも子どもが欲しいという人は、かなり少なくなっているでしょう。こうしたカップルに対し養子という手段もあることを伝え、必要な知識などを教示する支援は

大切です。対象となる人数も限られるので、NPOなどを通してこうした活動を手厚くすることもできるでしょう。

特別養子縁組（子どもと育ての親が法律上、肉親と同等な関係になる。虐待・遺棄児童などが対象）は、その数がなかなか伸びず、近年は年に600〜700件で停滞しています。不妊治療機関との連携、民間斡旋団体への公的支援、実親の権利関係の法改正、など政府には一段と力を入れてほしいところです。

一方で、未婚者やLGBTカップルには、特別養子縁組は認められていません。この点について、議論を重ねてもいいのではないでしょうか。

もちろんそれは、少子化対策ではありません。今生まれている子どもを縁組するだけの行為なので、総出生数は伸びないからです。あくまでも、子どもが欲しい人と、子育てに難渋する人、そして不遇な環境にある子どもを救うための福祉的観点での論議となるでしょう。

人口減対策となるのは国際養子縁組であり、こちらは近年、その数が減少しています。これはハーグ条約など子どもの権利を守り、犯罪や安易な海外移送を減らすための取り決め締結国が増えていること。そして、一番の養子送り出し国であった中国が同条約加盟や富裕化により、近年極端にその数を減らしていることによります。

生涯未婚者には性的少数者がかなり多いのではないか

ここまで書いてきましたが、婚外子・養子・精子／卵子提供・代理母は、いずれも少子化対策としてはそれほど効果はありません。これらを合わせて、トータルで出生率は０・１程度伸びるくらいではないでしょうか。

それよりも、自分の主義信条にそって各自が自由に生きる、つまり選択肢の拡大という意味で視野に入れてほしい課題です。

未婚者も性的少数者も、自分の希望するかたちで人生を設計できる社会――たとえば現在、性的マイノリティは、全人口の２〜10％もいると言われています。生涯未婚率が２割に迫ると言いますが、そのうちかなりの割合が、性的少数者で占められているのではないでしょうか（ＬＧＢＴ婚は認められていないのですから）。

生涯未婚率を下げたいのであるならば、ＬＧＢＴ婚はもはや避けて通れない選択肢です。政府にはそこまでを視野に入れた、まさに「異次元」の対応を望みます。

おわりに
――「女性活躍」という言葉がなくなる日

12年前の予言が的中

私は、雇用ジャーナリストとして30冊ほど著作を世に出しているのですが、熱心な読者のみなさんからは、「なぜいつも、海老原さんは女性のキャリアについて、熱を入れるのですか?」とよく聞かれます。その際、私はいつもこう答えています。

「日本における最大の雇用問題は女性だからです」

この気持ちは、本気で雇用に取り組む研究者や記者の間では、半ば常識にもなっています。それくらい日本は、長い間、女性のキャリアについて無頓着でした。

私は今からもう四半世紀も前に、前妻との間に第一子ができたとき、見よう見まねでイクメンをしたことがあります。20世紀の世では、仕事と子育ての両立は「気が遠くなるほど」の難作業でした。正直言えば、私の育児量は妻の1割にも満たなかったでしょう。それでも、毎日が綱渡り状態でした。そして、つくづく思ったものです。

「女性はみな、同じ思いをしているのだろう」と。

それから私の中では、「女性のキャリア」が影のライフワークと化していきます。非正規、高齢者、教育と職業、年金問題など、勝手異なるテーマを扱いながらも、常に「女性とキャリア」に関わる気づきがあればそれをメモしておき、多面的な角度から情報を集め続けました。

そうして、第一子誕生から12年余たった2012年に上梓したのが、『女子のキャリア〜男社会のしくみ、教えます〜』（ちくまプリマー新書）です。本書でも2回にわたり引用をしているのですが、改めてこの本のあとがきをご覧いただきたいと思います。


「日本で女性が普通に四年制大学に進学し、そして大手企業に総合職として勤めるようになったのは、一九九〇年代末。それからようやく十数年たちました。つまり、大手企業に総合職として勤める十年選手の女性が、ここから先どんどん増えていく、その入り口に、現在の日本は立っています。

それはすなわち、これから五年程度で、大手企業において女性係長が爆発的に増えるという変化をもたらすでしょう。そして、さらに五年たつと、女性社員のボリュームゾーンの先頭が、課長適齢期に差しかかります。ここからは女性課長がどんどん生み出されるはずです。

こんな感じで、二〇二五年ころになると、企業社会の風景は一変していることでしょう。そのころは、大手企業でも女性の管理職比率が確実に二〇%を超え、欧米の〝今〟にだいぶ近づいた社会になっている。私はまちがいなくそうなると思っています」

いかがでしょう。自画自賛になってしまいますが、2015年以降、女性係長比率が急伸し、課長も新任では3割近くを女性が占めていることなど、ほぼ的中しています。結果、明らかに「企業の風景は一変」しました。それは、本書の中で再三にわたりデータで示した通りです。

女性フロントランナーが示す「団塊の世代」的役割

通産官僚だった堺屋太一氏が小説家として書いた『団塊の世代』という作品があります。人口構成をもとに、日本社会の未来予測をした秀作です。それは「ベビーブーマーという人口の多い年代が通りすぎたあとに、社会は大きく変わっていく」という、社会変化のダイナミズムを言い当てました。

私は女性の社会進出についても、「団塊の世代」と同様の考え方をしています。

・産業社会が男性に牛耳られている限り、女性は男性に頼らざるをえず、その結果、家に入り、子を産むのが普通になる。

・何かのきっかけで女性の社会進出が進むと、上記のテーゼが壊れ、女性は一人で生きられるようになる。そのトレードオフとして未婚・晩婚・少子化が進む。

・テーゼの崩壊は、不況、少子化、人手不足、社会不和（差別など）に端を発し、これらに紐づいて起きる女性の高学歴化を加えて5大要素と考えられる。

・日本の場合、１９９０年代に経済の不調が始まり、そこから短大↓ＯＬモデルが壊れ、女性の４大進学率の上昇と総合職化が進んだ。

・女性の総合職化は２０００年代に入ってから急進展し、彼女らフロントランナーが通りすぎると、その年代において起こる就労問題から、企業は「深慮熟考」を促され、遅ればせながら、変革をせざるをえなくなっていく。

変革の起点は経済不調でしたが、それが欧米よりも20年遅れたため、女性の社会進出も相応に遅れたと見ています。

日本ではかつてベビーブーマー世代が社会システムを変えたように、女性フロントランナーがまさに「団塊の世代」となり女性のキャリアを変えていくと、私は一貫して見てきました。

地に足のつかない女性活躍論との対立

私と同じく「女性のキャリア」に対して問題意識を共有する識者の中には、こうした前提を無視し、急進的な目標を掲げ、それが達成されないと、今度は「日本はダメだ」と反発する人がけっこういます。2010年代に盛んに謳われた2030運動（2020年までに指導的立場に立つ女性の比率を30％にする）などはその典型でしょう。

管理職（企業内でいう指導的立場）というのは一度昇進してしまえば多くの場合、役職定年もしくは定年までその立場を維持するものです。そうしたロートルの居座り組を2020年までの数年で排除することは不可能です。

一方で、女性は2000年卒あたりから総合職比率が上がり出しました。2010年代後半に、フロントランナーがようやく課長適齢期に達した程度なのです。

だから、2030運動など噴飯ものだ、と随所で声を上げ、周囲から煙たがられたものです。その際、私は必ずこう説明しました。「いや、2020年段階で、新任課長に占める女性割合は30％程度になっているはずだ」と。

企業における女性社員数の動態を考えれば、それが当然の数値だったのです。そして、第2章に示すとおり、新任課長に占める女性割合は28・1％とこれもほぼ的中しています。

それが10年続いた2030年には、新任役員の割合でも女性が30％となっていると考えます。

そう、女性活躍は、2000～2010年がホップ、2010年代がステップであり、2020年代はジャンプの時期なのです。

企業活動は女性なしではもう成り立たないため、経営者は嫌でも女性を受け入れるでしょう。ただそれは女性のライフサイクルを大きく変え、仕事以外の部分との調和がとれなくなる。その軋みが、未婚や少子化という現象になって表れているというのが本書の前段です。

では、女性の人生がしっかり帳尻が合うかたちで羽ばたくためにはどうしたらいいのか。それが後段の趣旨です。

次世代社会の継続について真摯に考える義務

ここからは、筆を置くにあたり、3つほど書ききれなかったことを言及させてもらいます。

まず、今の日本を悩ます社会問題について、より多くの人に関心を持ってほしいということ。

「私は一生独身で通すつもりだ。そのために貯蓄も万全だ。老後は施設に入ってすごす。だから少子化なんてどうでもいい」

そんな人たちにも、他人事と思わずぜひ考えてほしいのです。

仮に、各自は各自の貯蓄で生きていくとしても、高齢期にあなたが入所する施設では誰が働くのでしょう？　施設に入らないとしても、買い物や飲食や配送などは利用するでしょう。そうしたサービスは、誰が提供してくれるのでしょう？

少子化が進めば、生産に携わる人が不足します。そこで人材の採用競争が激化し、人件費が急上昇します。結果、モノを買うのも、サービスを受けるのも、想定以上に出費がかさむようになるでしょう。そうすると貯蓄もすぐ底を尽き、生活レベルは下がっていく……。社会には適正数の「人間」が必要であり、それが不足すると、みなさんの生活も思いどおりにならなくなってしまいます。だからこそ、「私は独身で自由に生きたい」という人たちにも、社会の継続について真摯に考えてほしいのです。

誤った常識と珍奇な正論

二つ目は、「常識という名の偏見」に気を付けること。

少し遠い話をしながら、本意を話したいと思います。気分を悪くする内容が含まれていますが、お許しください。

ネットをググるとこんな写真が大量に見つかるのを、みなさんはご存じですか？

着飾った女性たち。時代を表すのか、ペチコートを履いた花柄ドレスを身にまとい、こちらに向かってほほ笑む淑女と、その脇には屈強な白人男性が立っています。周り中、こうしたカップルや子連れ家族があふれています。中には、ピクニックシートを広げて、お弁当を食べる人たちもいます。風景や服装から察するに、１９４０〜50年代のアメリカの地方都市でしょう。日本で言えば、さながら、花見にでも来たようなスナップに他なりません。

さて、写真の上のほうを見ると、この日のメイン・イベントがくっきりと映っています。

それが何だかわかりますか？

私刑《リンチ》にされて吊るし首になった黒人です。

死体の袂《たもと》では、まるでサンドバッグを殴るようにファイティングポーズをとる勇者もいます。

こんな写真が、ひっきりなしに出てくるのです。

当時は、それが絵葉書になって発売されていたそうです。

こうして吊るされた黒人の多くが、レイプなどの疑惑をかけられていました。そこで、死体からは（ときには生きたまま）、彼らの性器がもぎり取られます。このイニシエーションに、紳士淑女たちは喝采を送っていたというのです。

黒人も白人も同じ人間であり、命の尊さは変わらない！　そんな現代人の常識を叫んでも、時空を超えたこの正論は、当時の人からは「珍奇な非常識」と嗤われただけでしょう。

常識が社会を包み込み、大多数の人はそれに抗えないという厳しい現実があります。

時代時代の常識が、どれだけ女性を苦しめてきたか

「アメリカはひどい国だ」と、我関せずにはならないでほしいところです。たとえばほんのつい最近まで、我が国でも男性同士の恋愛は「気持ち悪い」と、厄介者扱いされていたのを覚えていませんか。

実名を出して恐縮ですが、好感度ナンバーワン芸人と言われるサンドウィッチマンさんの「メンズエステ」というコントでは、店員役の富澤さんに、おもむろにキスされそうになったお客役の伊達さんは、「お前、あっちなのか、きっもち悪ぃ」と言う。会場は大爆笑。これは2014年の初演ですが、近年では該当部分をカットして演じています。

もう少しときを遡り、平成序盤ではゲイのことを差別的に「ホモ」と呼び、彼らは、同性への色欲に狂っていると揶揄されていました。「お前、ホモに狙われるぞ」と何気なく口にしたものです。そうした世の「常識」をとんねるずさんは、「保毛尾田保毛男（ホモオダホモオ）」というキャラクターに仕立て、まさに笑いの的にしていました。

ところが、2017年に保毛尾田保毛男が「みなさまのおかげでした　30周年記念SP」で一晩だけ復活すると、世間からは猛バッシングが巻き起こります。30年の時間差で常識は反転していたのです。

常識が社会を包み込み、大多数の人はそれに抗えないということがわかっていただけたでしょうか。だからこそ、現代の「常識」や「正論」も絶対的に正しいなどと考えず、そうしたものにより苦しんでいる人がいるのではないか、と繊細に考えることが重要だと言えそうです。

差別される側が平気で差別をする問題

そして3つ目は「今度は女性の番」だということ。

今の世の中は、男女で考えれば、まだまだ女性が不利なことが多いのは確かです。だから本書ではあえて、「社会の間違い＝男性の悪い部分」に光を当てました。そのため、男性からは大いに不評を買うかもしれません。

ただそれは、女性がまったく間違っていないということではありません。女性の側からジェンダー関連の問題発言がなされることも、じつは大変多いのです。

女性差別撤廃を謳う人たちが、「男らしさ」には鈍感であったり、ルッキズム批判をしたその一方で、イケメンと口にしていたりするのも見かけます。

私は、かつてジェンダー問題を憂うセミナーで大いに困ったことがありました。そのセミナーの内容は、本書に書いてあることとほぼ同じ。当然、「女の人は、結婚相手の男性に、自分以上を望む傾向がある」という話もします。もちろん、それは過去に、女性は「生きていくために」結婚を選ばざるをえなかった。社会全体で、こうしたアンコンシャスバイアス（無意識の思い込み）を取り除いていかなければなりません。そのために労働慣行も変え、男女の賃金格差もなくそう、と話したのです。

すると、会場の女性から、こんな意見が寄せられました。

「女性が自分より上の男性を求めるのは、当然でしょう。女性のDNAには、『よき子孫を残したい』という思いが刻まれているのです。それは本能であり、どうしようもありません」

この話に会場からは、けっこうな拍手が沸きます。

アンチ差別を謳う聴衆の人たちなのに、こんな状態でした。

私は直接返答せず、以下のような質問で返しました。

「だとすると、優秀な男は何人も奥さんをもらってもいいのですか？　一夫多妻は動物社会の掟と諦めますか？」

「男には自分のDNAをたくさんばらまくという本能があります。そこからかつて、『不倫は文化だ』と嘯《うそぶ》いたトレンディ俳優がいましたが、これも正解ですか」……。

結局、今、「女性は差別されている」と訴える人たちも、現代の「常識」を使って、都合のいい部分だけジェンダー論を振りかざしているのではないか、と暗たんたる気分になりました。

再度書きますが、今でも社会は男性に都合よく、女性に厳しい一面がまだまだ残っています。それを払拭することが急務だからこそ、今はあえて「男」にばかり矢を向ける必要があるのでしょう。ただ、もうしばらくすると、風景はかなり変わるはずです。

その近い将来にそなえて、そろそろ女性も、「言われる準備」をすることが必要となりそうです。

＊＊＊＊＊＊＊＊＊＊＊＊＊＊＊

思えば1999年に第一子が生まれ、その13年後に『女子のキャリア』を上梓し、それから11年たった今、本書をしたためています。干支一回りの間に集め・書き・考えた内容をまとめて、本にしたことになります。

この本のもとになったプレジデント・オンラインでの連載は、プレジデントウーマンや日経WOMAN、日経BPヒューマンキャピタル、そして私が編集長を務めていたHRmicsなどに発表した内容を再編集してつくりました。

次の12年が経つと、私ももう齢《よわい》70歳となっています。今後は著作や意見を述べる場も減るだろうし、体力知力に衰えも感じます。何より12年後は、女性が普通に輝ける時代になっているはずです。

私が「女性のキャリア」を取り上げる本は、これが最後になることを心より願うしだいです。

2024年　春

海老原嗣生

◆主要参考文献（本文で紹介したもの以外）

坂本藤良『日本雇用史（上）』中央経済社、鹿野政直『現代日本女性史』有斐閣、河合雅司『日本の少子化　百年の迷走』（新潮社）、神崎智子『戦後日本女性政策史』明石書店、田間泰子『「近代家族」とボディ・ポリティクス』世界思想社、藤井忠俊『国防婦人会』岩波新書、佐藤信『日本婚活思想史序説』東洋経済新報社、古川玲子『古典を読む　母性保護論争─晶子とらいてう』育児連ホームページ

海老原 嗣生(えびはら・つぐお)
1964年、東京生まれ。雇用ジャーナリスト。大手メーカーを経て、リクルート人材センター(現リクルート)入社。新規事業の企画・推進、人事制度設計等に携わる。その後、リクルートワークス研究所にて雑誌Works編集長。2008年にHRコンサルティング会社ニッチモを立ち上げ、人事・経営誌HRmics編集長就任。著作は雇用・マネジメント・人事・社会保障・教育などをテーマに多数。

少子化
女"性"たちの言葉なき主張

2024年4月6日　第1刷発行

著者　海老原嗣生
発行者　鈴木勝彦
発行所　株式会社プレジデント社
〒102-8641東京都千代田区平河町2-16-1
平河町森タワー13階
https://www.president.co.jp/　https://presidentstore.jp/
電話　編集 (03) 3237-3732
販売 (03) 3237-3731

カバーイラスト　松川直也
図版作成　室井明浩
編集　工藤隆宏
販売　桂木栄一　高橋 徹　川井田美景　森田 巌　末吉秀樹
制作　関 結香
印刷・製本　TOPPAN株式会社

ISBN 978-4-8334-2530-8
Printed in Japan